LES PREMIERS JOURS

DU

PROTESTANTISME

EN FRANCE

Depuis son origine jusqu'au Premier Synode national de 1559

Ouvrage publié à l'occasion du 3ᵉ Jubilé séculaire de ce Synode

PAR

H. DE TRIQUETI

Membre du Conseil presbytéral et du Diaconat de l'Église réformée de Paris
et membre de la Commission du Jubilé.

PARIS

AUX LIBRAIRIES PROTESTANTES

MDCCCLIX

LES
PREMIERS JOURS
DU
PROTESTANTISME
EN FRANCE

LES PREMIERS JOURS
DU
PROTESTANTISME
EN FRANCE

Depuis son origine jusqu'au Premier Synode national de 1559

Ouvrage publié à l'occasion du 3ᵉ Jubilé séculaire de ce Synode

PAR

H. DE TRIQUETI

Membre du Conseil presbytéral et du Diaconat de l'Église réformée de Paris
et membre de la Commission du Jubilé.

PARIS
AUX LIBRAIRIES PROTESTANTES

MDCCCLIX

LES PREMIERS JOURS

DU

PROTESTANTISME

EN FRANCE

Depuis son origine jusqu'au 1er Synode national de 1559.

Ouvrage publié à l'occasion du 3e jubilé séculaire de ce Synode

PAR

H. DE TRIQUETI

Ancien Conseil presbytéral et du Consistoire de l'Église réformée de Paris
et membre de la Commission de Publ.

PARIS
AUX LIBRAIRIES PROTESTANTES

MDCCCLIX

INTRODUCTION

J'écris ce petit livre pour le peuple protestant. Je l'écris pour l'habitant des campagnes et l'ouvrier des villes. Puisse mon ouvrage visiter la mansarde et la ferme, et Dieu veuille qu'il intéresse, qu'il fortifie, qu'il réjouisse ses lecteurs, en leur rappelant la foi courageuse de leurs pères et en leur faisant sentir le prix de la paix dont nous jouissons maintenant.

Il existe d'excellentes histoires du protestantisme; elles ont été lues ou devraient l'avoir été par tout protestant riche ou aisé. Mais le peuple ne peut ni acheter des livres chers, ni lire des ouvrages volumineux. C'est donc pour lui que j'ai entrepris cette tâche, qui consiste à faire connaître comment la Réforme est née en France, s'y est établie et a amené le Synode National de 1559.

I

QU'EST-CE QUE LE PREMIER SYNODE ?

Dans l'Assemblée des pasteurs réunis à Paris au printemps de l'année 1858, plusieurs d'entre eux témoignèrent le désir de célébrer le troisième anniversaire séculaire du premier Synode, qui en mai 1559 réunit à Paris, au mépris des plus grands dangers, les pasteurs et les délégués laïques des Églises réformées déjà constituées en France.

Ces Églises, jusque-là isolées, presque inconnues les unes aux autres, sentirent quelle force leur donnerait une union cimentée par une confession de foi et une discipline communes. Elles choisirent Paris pour lieu de réunion, comme étant le point le plus favorable pour tenir une assemblée que la persécution obligeait à garder rigoureusement secrète. Il fut stipulé, toutefois, qu'un tel choix n'indiquait aucune prééminence sur les autres Églises, et que toutes étaient, suivant l'esprit de l'Évangile, égales entre elles.

Ce Synode tint ses séances du 26 au 28 mai 1559, comme nous le verrons plus tard; et ses membres rédigèrent une confession de foi basée sur la sainte Écriture, ainsi qu'une discipline. Ils formèrent par là de toutes ces Églises séparées, une Église forte, homogène et unie.

C'est donc ce Synode de 1559 qui nous donne la première date assurée, incontestable de l'établissement régulier du culte de l'Eglise réformée en France.

C'est en raison de l'importance qu'a cette date pour tous les protestants, que la proposition de célébrer son anniversaire séculaire par un Jubilé, c'est-à-dire par une fête commémorative, fut accueillie avec le plus vif intérêt; elle fut ensuite examinée, discutée, acceptée, et toutes les mesures nécessaires furent prises pour en assurer l'exécution.

Une commission fut nommée pour s'occuper de suite de cette intéressante commémoration (1); une active correspondance avec les Conseils presbytéraux et les Consistoires démontra bien vite que cet intérêt était général, et que tous les protestants de France, à quelque nuance d'opinion qu'ils appartinssent, verraient avec joie rappeler au monde le premier acte d'union entre nos Églises, et constater en même temps qu'après trois siècles d'épreuves et de fidélité, la foi évangélique est toujours vivante parmi nous.

Il fut décidé qu'une médaille serait frappée pour perpétuer la mémoire de cette première alliance entre des troupeaux jusque-là dispersés sur toutes les parties du sol français, et pour constater la célébration du Jubilé projeté. Il fut décidé en outre qu'une courte notice serait rédigée pour expliquer à tous les fidèles les motifs de cette célébration. La commission pensa que ce petit ouvrage, pour être à la fois plus utile et plus intéressant, devrait contenir un exposé des origines du protestantisme et quelques détails sur les hommes de foi et de courage qui, depuis les premiers

(1) Les noms des membres de la Commission se trouveront dans le dernier chapitre de cet ouvrage.

jours du seizième siècle jusqu'à l'époque du premier Synode général (26 mai 1559), appelèrent à l'Évangile, au péril de leur vie et au prix de leur sang, toutes ces populations ignorantes, abandonnées, en proie aux superstitions qui avaient été mises à la place de la Parole de Dieu.

L'exposé des commencements de la Réforme peut remonter bien haut. Son esprit régnait depuis longtemps en France, mais n'avait point pris corps. C'était comme ce vent dont il est dit : Il souffle où il veut, mais tu ne sais ni d'où il vient ni où il va.

C'est par le premier Synode qu'il a pris racine dans ce sol d'où tant d'efforts n'ont pu l'arracher. En vain a-t-on frappé nos Églises, dispersé leurs troupeaux, mis à mort leurs pasteurs : nous avons vu passer les colères humaines ; mais l'Évangile et la protection du Christ nous sont restés. Son saint Livre est demeuré le lien et le drapeau de nos Églises.

Ces considérations expliquent à la fois les bornes et l'étendue d'une telle tâche ; la Commission a désiré me la confier. Je l'ai acceptée avec crainte, et je cherche à m'en acquitter avec conscience, dans un esprit de paix, d'union et de vérité, digne de ces hommes qui, dans le premier Synode, voulurent resserrer par des liens d'affection toutes les Eglises disséminées sur le sol de la France.

Tâche importante et précieuse, tant par la grandeur du sujet à traiter, que par les lecteurs à qui je m'adresse. Mais que de choses seraient nécessaires pour m'en acquitter dignement et utilement. Je sais tout ce qui me manque. Je ne suis ni théologien, ni historien, ni même écrivain, et c'est par obéissance que j'ai accepté ce travail, qui m'effrayait pour bien des raisons. Je l'ai étudié avec une grande attention, et j'ai reconnu que ce n'était qu'en me pénétrant du véritable esprit de l'Évangile, que je pouvais espérer faire quelque chose d'utile à nos frères.

Les premiers temps de la Réforme ressemblent aux premiers jours du Christianisme. C'est le combat du monde contre le règne de Dieu qui doit venir.

Or, quiconque à ces deux époques a voulu réveiller le monde de son sommeil et de sa mort, déclarer la guerre à ses vices ou à ses erreurs, a vu se dresser devant lui la raison suprême du siècle contre l'Esprit de Dieu : le juge et le bourreau.

Et, que ce fût à Jérusalem, à Rome ou à Paris, la foule s'est toujours trouvée prête à se repaître de ce cruel spectacle. C'est cette foule ignorante et cruelle qui, lorsque Pilate lui montrait Jésus en demandant : « *Quel mal a-t-il fait?* » s'écriait pour toutes raisons : « *Crucifie-le, crucifie-le!* » Et c'est cette même foule à qui l'on a, pendant tant de siècles, donné pour toute instruction l'exemple de la cruauté, des supplices, des questions, des bûchers allumés au nom du Dieu de pardon et de charité, qu'on a de nos jours été surpris de trouver cruelle, avide de vengeances, elle qu'on avait à dessein laissée ignorante, et dont on avait endurci le cœur par d'iniques et féroces spectacles.

Aussi l'esprit et le cœur sont-ils également révoltés quand on étudie l'histoire des commencements de la Réforme. Là, les plus hideux côtés de la nature humaine se révèlent, quoiqu'ils se couvrent du manteau de la religion. Le nom de Dieu est partout profané, ses commandements oubliés, travestis, insultés ; et l'histoire du protestantisme naissant n'est qu'un douloureux tableau de persécutions, de supplices et d'horreurs, rendu plus saisissant encore par le contraste des vertus, du courage, du désintéressement et de la résignation de ses martyrs.

Comment donc écrire l'histoire de ces temps glorieux et tristes, sans réveiller dans nos cœurs ces malheureux sentiments de haine si contraires à l'esprit chrétien? Je sens que nous ne le pouvons qu'en nous efforçant, nous peuple chrétien, peuple de l'Évangile, de prendre l'Évangile pour exemple.

Là, effectivement nous lisons un jugement plus inique que tous ceux que nous avons à raconter. Là est une agonie plus douloureuse que toutes les agonies des martyrs. Et cependant étudiez le saint Livre, et voyez quelle petite place y est donnée au reproche, à la plainte, combien peu de paroles y flétrissent les bourreaux.

Sur le plus grand des traîtres et des criminels, sur Judas qui trahit son bon Maître, deux ou trois versets à peine, et la Passion du Seigneur se clôt sur ces paroles sublimes :

« Mon Dieu, pardonne-leur, car ils ne sa-
« vent ce qu'ils font. »

Quelle leçon ! quel exemple à suivre !

Bornons-nous donc, suivant le précieux exemple de cet Évangile de grâce et de pardon gratuit, à donner à nos frères une utile leçon, en leur racontant les simples et sublimes vertus des fondateurs de la Réforme; évitant, si l'on ne peut taire leurs souffrances et leurs martyres, de rappeler les noms, les cruautés des bourreaux, et surtout les tristes passions qui les guidaient.

D'ailleurs cette cause est aujourd'hui jugée. Les victimes et les persécuteurs du premier christianisme, et du christianisme renaissant, sont depuis longtemps devant le Dieu d'équité et de justice : bénissons-le et faisons silence.

Notre résignation comme notre courage, notre foi comme nos souffrances, tout a été pesé par le seul juge incorruptible; et le Seigneur a reçu dans son sein tous ces pauvres serviteurs, navrés et torturés pour avoir voulu revenir à la stricte observation de ses commandements et de sa loi; tous ces pauvres chrétiens, dont l'unique ambition était de le pouvoir servir en esprit et en vérité, et qui se disaient comme lui : « Notre règne n'est « pas de ce monde ! »

Puisse donc un court exposé du caractère et de la vie de nos premiers réformateurs faire quelque bien à ceux qui liront ces pages ; et puissent-ils, considérant la différence qui existe entre ces temps passés et le temps présent, songer à la reconnaissance que nous devons au Seigneur !

Effectivement, cet anniversaire que nous allons célébrer dans la paix et la joie, est déjà revenu deux fois pendant nos jours de persécution ou d'existence précaire, en des temps où les disciples de l'Évangile, rarement tolérés, le plus souvent épars, proscrits, poursuivis, pouvaient à peine se réunir en secret pour prier le Seigneur ou ensevelir leurs martyrs. Comme leur divin Maître, ils n'eurent bien souvent en France nul endroit pour reposer leur tête.

Mais ces temps sont changés, grâces à la bonté de Celui qu'aujourd'hui nous invoquons et remercions en paix.

Nous pouvons élever nos cœurs à Lui, entonner nos chants de reconnaissance, et faire entendre sa Parole dans nos temples; nos droits sont inscrits dans la loi, notre existence ne peut plus être mise en doute ou en péril. Nos Églises sont reconnues par le gouvernement. Français protestants, nous pouvons hautement servir Dieu et notre patrie, et nous trouvons l'assurance de l'avenir dans les paroles à jamais mémorables adressées par l'empereur Napoléon Ier aux pasteurs réunis à Paris à l'occasion de son sacre :

« *Je vois avec plaisir rassemblés ici les pasteurs des Églises réformées de France. Je saisis avec empressement cette occasion de leur témoigner combien j'ai toujours été satisfait de tout ce qu'on m'a rapporté de la fidélité et de la bonne conduite des pasteurs et des citoyens des différentes communions protestantes. Je veux que l'on sache bien que mon intention et ma ferme volonté sont de maintenir la liberté des cultes. L'empire de la loi finit là où commence l'empire indéfini de la conscience. La loi ni les princes ne peuvent rien contre cette liberté. Tels sont mes principes et ceux de la nation; et si quelqu'un de ma race, devant me succéder, oubliait le serment que j'ai prêté, et que, trompé par l'inspiration d'une fausse conscience, il vînt à le violer, je le voue à l'animadversion publique, et je vous autorise à lui donner le nom de Néron.* »

Après avoir rappelé ces nobles et éloquentes paroles, pensant aux souffrances passées et à la tranquillité présente, à l'avénement de la Réforme, qui fut la délivrance de la Parole de Dieu, et à notre propre délivrance, ému d'un profond désir de voir cette commémoration devenir une cause d'union et d'affection entre tous ceux qui ont pris l'Évangile pour guide unique, je commence cet ouvrage par l'invocation que fit entendre le chœur des anges à la venue de Jésus sur la terre, célébrant dans leur chant la délivrance du monde, et lui annonçant la bonne nouvelle :

« Gloire soit à Dieu, au plus haut des cieux,
« paix sur la terre et bienveillance envers les
« hommes ! »

II

QUAND NAQUIT L'ESPRIT DE RÉFORME EN FRANCE.

J'ai lu dans l'Ecclésiaste : « *Il y avait une petite ville, et peu de gens dedans, contre laquelle est venu un grand roi qui l'a investie, et qui a bâti de grands forts contre elle ; mais il s'est trouvé un homme qui était pauvre et sage, et qui l'a délivrée par sa sagesse ; et nul n'a eu mémoire de cet homme pauvre* (1). »

Ces paroles semblent écrites pour nous. Cet homme pauvre, qui défend et sauve la ville, et qui est ensuite oublié, n'est-ce point l'image exacte de tant d'humbles et fidèles serviteurs de Christ, dont la mort a scellé la foi, et qui

(1) Eccl., IX. 14.

sauvèrent en France la religion de l'Évangile. Leur nom a disparu avec eux, et nul n'a mémoire de l'homme pauvre.

En est-il beaucoup parmi nous qui pourraient répondre à cette question, semblable à celle du prophète : « *Vos pères, qui sont-ils?* (1) »

L'instruction est pourtant un devoir pour le protestantisme; il faut qu'il puisse lire, étudier la Parole de Dieu. On ne peut se le représenter obligé de confier à un autre son plus précieux privilége, celui de sonder les Écritures.

C'est un devoir secondaire, mais c'est encore un devoir que de connaître l'histoire de son Église, ne fût-ce que par reconnaissance pour les exemples de courage, de fidélité, de piété, de bonnes mœurs, qui, transmis de génération en génération au prix de bien des misères, ont fait aux protestants de France cette réputation d'intégrité sévère, de vie sérieuse, de charité inépuisable, dont ils jouissent même dans l'opinion des catholiques.

Dans les grands exemples que nous allons

---

1. « Vos pères où sont-ils? » Zach., 1, 5.

étudier, et dès l'époque reculée que nous prendrons pour point de départ, il sera essentiel, après avoir remarqué l'ardente foi des réformés, leur tendre charité, leur obéissance résignée à tous les décrets de Dieu, lorsqu'il les frappait par la main de leurs compatriotes, d'observer aussi leur fidélité, leur soumission au gouvernement en tout ce qui ne concernait pas ce que les hommes n'ont jamais le droit de violenter, la foi et la conscience. Je ferai remarquer que même proscrits, poursuivis en face des échafauds et des galères, ils élevaient encore la voix en Français fidèles pour se réjouir et remercier Dieu des triomphes de la patrie, ou s'affliger de ses malheurs.

Ces sentiments que connaissaient François Ier, Charles IX et Louis XIV, à qui de sages conseillers essayèrent en vain d'ouvrir les yeux, sont encore ceux des protestants d'aujourd'hui; ils n'eussent jamais été ébranlés, si les intrigues des grands et les persécutions n'étaient venues à la longue mêler des vues humaines à notre douloureuse histoire.

La convoitise et les passions travaillent sans relâche à étouffer en nous les appels de notre conscience, et celle-ci nous avertit sans cesse de nos erreurs. Ainsi le monde tend toujours à s'éloigner de Dieu, et la conscience du monde, par la voix de quelques hommes pieux, crie de siècle en siècle : Rendez droite la voie du Seigneur. Ce n'est pas encore la Réforme, c'est l'aspiration à la Réforme. Ainsi crièrent en Italie, en France, en Allemagne, des poètes, des prêtres, des légistes, à l'imitation du Précurseur ; mais pour produire la Réformation, il fallait au cri joindre l'action : c'est ce qui caractérisa le seizième siècle.

En Allemagne, il est aisé de fixer positivement l'époque de la naissance de la Réformation ; on est convenu d'en regarder Luther comme le fondateur, bien qu'il ait eu des prédécesseurs ; la révolution qu'il opéra en frappant de mort des doctrines perverties et des abus monstrueux fut si grande, qu'on peut dire avec vérité que lorsque le courageux réformateur afficha, en 1517, ses thèses sur les portes de la cathédrale de Wittenberg, la Réforme naquit.

Mais en France il faut remonter plus haut. De siècle en siècle on y trouve l'apparition de son esprit, agissant et se transmettant d'âge en âge sous des noms divers. Longtemps avant qu'elle se fut séparée de Rome, son aurore s'était levée. A la fin du quinzième siècle, elle parlait par l'éloquente bouche du pieux Lefèvre d'Étaples. Plus peut-être qu'en aucun autre pays, le protestantisme a eu chez nos pères ses précurseurs; et pour nous servir d'une expression aujourd'hui consacrée, en France il y a eu des réformateurs avant la Réforme.

III

LES VAUDOIS.

Si nous entreprenions une étude complète des origines du protestantisme, nous aurions bien vite rencontré les matériaux d'une ample et intéressante histoire ; mais notre cadre est trop borné pour nous permettre de remonter loin. Arrêtons-nous dans ces recherches et commençons par dire quelque chose des habitants des Vallées-Vaudoises du Piémont, qui se sont liés plus tard à la Réforme française par des malheurs communs, par une assistance généreuse dans la publication des Livres saints, et par les colonies qu'ils fondèrent en Dauphiné et en Provence.

C'est une touchante et douce histoire qui

semble une page détachée de la Bible. On croit ouïr le récit de la vie et des souffrances d'une tribu du peuple de Dieu apportant, dans nos montagnes, sa vie de pasteurs, ses mœurs pures et son respect pour les commandements de l'Éternel. Tels furent effectivement ces Vaudois, enfants des Alpes, chez lesquels la précieuse tradition de l'Évangile et la vie chrétienne semblaient s'être conservées depuis des temps inconnus, peut-être depuis les jours apostoliques !

Dès le douzième siècle, nous pouvons suivre leur destinée simple et émouvante. Grâces à leur séparation du monde, dont ils ne connaissaient ni le luxe, ni les désordres, et grâces à la nécessité de travailler sans cesse et de lutter contre la rude et sévère nature des montagnes où se passait leur vie cachée, ils formaient un petit peuple de frères, troupeau fidèle que Dieu bénissait.

Parmi les neiges éternelles des Alpes, au bord de ces austères glaciers, chaque printemps voit renaître les mêmes fleurs toujours brillantes et pures. Elles y trouvent l'air, le soleil et la vie pendant l'été ; tandis que ces neiges profondes sont pour elles, durant l'hiver, un précieux manteau que la Providence bienfaisante étend pour les préserver du froid.

Il en avait été de même des Vaudois (1). Ces glaces furent la sauvegarde de leurs corps et de leurs âmes. Ils n'avaient pu ni se pervertir au contact du monde, ni s'engourdir dans l'isolement égoïste et l'oisiveté. Pour leur bonheur, le monde ne les avait pas connus ; la terre ne les avait point enrichis pour leur salut. Aussi est-ce un noble exemple, bien précieux à raconter, que celui de ces pauvres Vaudois ; et leurs larmes, leur sang tant de fois versé, forment certainement, contre l'esprit de persécution, une des plus éloquentes protestations conservées dans la ténébreuse histoire du moyen-âge.

La haine des hommes contre ce petit peuple qui occupait une si petite place, qui offensait si peu les passions et les opinions humaines, remonte bien loin : au douzième siècle déjà nous voyons le fer et le feu employés contre lui.

Au quatorzième, poursuivi par ses enne-

---

(1) De Bèze, *Hist. eccl.*, éd. de 1580. vol. I, p. 35.

mis, au cœur de l'hiver, forcé d'abandonner les vallées et de se réfugier dans les neiges inaccessibles, ses petits enfants périssent de froid, et les mères tournent leurs yeux vers le ciel et pleurent en silence, comme jadis les captives de Jérusalem.

En 1488, nouvelles fureurs, nouveaux martyrs, et le pauvre troupeau décimé protestait, sous le fer et le feu, de son obéissance et de son respect pour son prince, le duc de Savoie !

Une pureté de mœurs évangélique, un esprit de charité qui les faisait se considérer tous comme des frères, formait le trait le plus saillant de leur paisible caractère; ils durent à cette incessante menace de mort cette sainte habitude d'être toujours prêts à comparaître devant leur Sauveur, qu'ils voyaient trop bien être le seul bon et juste Maître. Ils devaient se transmettre leurs traditions, leurs doctrines, leur foi, de vive voix, de père en fils, s'enseignant les uns les autres. Les livres imprimés n'existaient point encore, et les livres manuscrits, partout alors si rares et si chers, devaient l'être surtout chez ce petit peuple dont nous connaissons la pauvreté. Il fallait donc qu'une part importante de leur temps fût consacrée à cette sainte étude.

Les grandes difficultés peuvent, avec l'aide de Dieu, devenir les grandes sauvegardes de l'homme, et la lutte a souvent bien moins de dangers que le repos. Faire produire à la terre le pain qui devait les nourrir, apprendre et conserver intact le précieux dépôt de la foi, formaient une occupation suffisante pour tous les jours de l'année ; et lorsque leurs persécuteurs venaient leur dire : « Tu n'as plus le droit de vivre, » n'ayant plus besoin de pain terrestre, sachant qu'ils allaient remonter à la source de la nourriture divine, ils voyaient leur tâche accomplie, et sans murmure comme sans orgueil, ils courbaient la tête et mouraient.

Leurs pasteurs, qu'ils nommaient Barbes, savaient d'avance qu'ils étaient voués au martyre : c'était comme leur privilége, le seul peut-être qui existât dans ces vallées, et encore était-il si souvent partagé par tout le peuple, qu'il n'altérait point l'humble égalité établie entre eux.

Cependant quelques colonies vaudoises descendirent des montagnes, soit qu'elles en eussent été expulsées de force, soit que, devenues trop nombreuses, leur sol étroit et ingrat ne pût fournir à ces pauvres familles assez de pain pour les empêcher de mourir de faim.

Ces Vaudois, établis en Provence, y fertilisèrent, par leur travail et leur courage, des contrées incultes, bâtirent des villages et enrichirent de leurs sueurs les seigneurs propriétaires de ces contrées. Aussi étaient-ils aimés et considérés de tous. On voyait avec respect leurs bonnes mœurs, leur probité, leur charité, le soin qu'ils prenaient des pauvres, des malades; l'hospitalité qu'ils donnaient aux étrangers; ils ne blasphémaient ni ne juraient : la paix habitait avec eux (1).

On ne pouvait leur reprocher que de ne point participer aux cérémonies du catholicisme, et de blâmer les désordres dont ils étaient témoins. Mais c'en fut assez pour leur susciter de cruels et implacables ennemis. Malgré l'appui que leur donnait la noblesse, dont ils avaient décuplé la fortune, ils furent calomniés et attaqués de toutes parts.

(1) De Thou, I, VI.

Lorsque le sage et bon roi Louis XII fit un voyage en Dauphiné, les Vaudois lui furent dénoncés comme hérétiques. Ce prince, nommé à juste titre « le Père du Peuple », fit faire sous ses yeux une enquête, la lut avec attention, et fit aux dénonciateurs cette réponse : « Jetez ces procédures au Rhône ; ces gens-là sont meilleurs chrétiens que nous. »

Ce qui ne leur évita point la couronne du martyre ; elle ne fut que retardée.

Puisque j'ai commencé à parler d'eux, je conduirai leur histoire jusqu'à l'époque où je dois terminer mon tableau de l'Eglise naissante, et je ferai mention d'abord d'un trait touchant de leur foi.

Lorsque, vers 1530, la Réforme allemande commença à s'étendre, et que la prédication de Luther et de Zwingle vint réveiller l'Allemagne et la Suisse, ils députèrent quelques-uns de leurs Barbes pour savoir ce que c'était que cette religion nouvelle dont il se faisait tant de bruit.

Il est probable qu'ils pressentaient des frères dans les nouveaux réformés ; et leur joie fut grande quand ils reconnurent qu'ils avaient avec eux une foi commune.

Et pour combler cette joie, ils apprirent que la Bible venait d'être traduite en français par Olivétan. J'expliquerai plus tard que, non contents de chercher à la posséder, ils en firent faire à leurs frais la première impression à Neuchâtel, afin d'en envoyer en France et d'en répandre les exemplaires en plus grand nombre (1).

Pour combattre les calomnies qui les poursuivaient, et montrer leur innocence à tous les yeux, surtout à ceux du roi de France, ils envoyèrent au Parlement d'Aix et à François Ier leur confession de foi, appuyée, article par article, sur l'Écriture sainte (2).

Le roi s'étant fait lire cette confession, il fut, dit Crespin, l'auteur de l'histoire de nos martyrs, « comme esbahi et demanda en quel « endroit on y trouvait faute, et nul n'osa « ouvrir la bouche. »

François Ier n'ayant point appuyé les évêques de Provence dans leur système de persécutions contre les Vaudois, une voie plus chrétienne fut tentée, celle de la conversion

---

(1) Gilles, *Histoire des Vaudois*.
(2) De Félice, *Hist. des protest. de France*, liv. I, p. 58 et suivantes.

par persuasion. Les évêques leur envoyèrent, en conséquence, trois docteurs en théologie pour les enseigner. Mais les docteurs, après avoir conféré avec ce pauvre peuple ignorant, se convertirent tous trois à la foi proscrite, au grand étonnement et à la colère de ceux qui les avaient envoyés.

Et par quelles voies ces conversions se firent-elles? En voici un exemple. L'un de ces trois docteurs, après avoir interrogé quelques catéchumènes, disait : « Il faut que je con-
« fesse que j'ai été souvent à la Sorbonne
« pour ouïr les disputes des théologiens, et
« que je n'y ai pas tant appris que j'ai fait
« en écoutant ces petits enfants (1). »

Il est dit au psaume VIII :

« *Tu tires le fondement de ta puissance de la bouche des petits enfants.....*

« *Afin de confondre l'ennemi et celui qui veut se venger.* »

Hélas! ce triomphe de la vérité simple, ignorante et pieuse, mit le comble à la colère des ennemis de l'Évangile. On saisit le moment où la politique, sans cesse variable de

(1) De Bèze, vol. I, p. 2.

François Ier, l'avait fait conclure avec Charles-Quint un traité dans lequel il promettait de travailler à l'extermination de l'hérésie. Il était alors gravement malade, et ce fut au nom de son salut éternel qu'on lui arracha la permission d'anéantir les malheureux Vaudois.

Le massacre résolu fut exécuté. Il est des noms qui restent en exécration dans la mémoire des honnêtes gens, à quelque religion, à quelque parti qu'ils appartiennent. Celui de d'Oppède, qui dirigea les meurtres avec une cruauté inouïe est de ce nombre. Détournons les yeux de cet horrible spectacle, et fidèles au devoir que nous nous sommes tracé, écoutons et conservons les dernières paroles des pieux et fidèles disciples du Christ, qui, réfugiés dans les montagnes, voyant de loin les flammes s'élever de leurs villages incendiés, et contemplant avec courage la mort qui s'approchait d'eux, s'exhortaient à bien mourir, et se disaient les uns aux autres (1) : « Le moindre souci que nous « devions garder est pour nos biens et notre « vie ; mais la plus grande et principale

---

(1) De Bèze, vol. 1, p. 45 et suiv.; Crottet, *Chronique protestante*, p. 127; De Thou ; Anquetil, *Histoire de France*.

« crainte qui nous doive émouvoir, c'est que
« nous ne défaillions point en la confession
« de notre Seigneur Jésus-Christ et de son
« saint Évangile; crions à Dieu et il aura
« pitié de nous! »

Un pauvre homme d'entre eux, conduit au bûcher, ramassa deux cailloux et adressa à ses juges cette courageuse prophétie : « Voyez-
« vous ces deux cailloux? Quand je les aurai
« mangés, vous viendrez lors à bout de la
« religion pour laquelle vous me faites mou-
« rir. » Après quoi, il jeta les deux cailloux en terre et mourut sans proférer une plainte (1).

Seigneur, qui as dit, dans ton sublime langage : « *Le ciel et la terre passeront, mais mes paroles ne passeront point*, » dans l'humble comparaison du pauvre Vaudois, n'as-tu pas reconnu l'un de tes enfants?

Et sa prophétie s'est vérifiée : les bûchers se sont éteints ; les Vaudois existent toujours, et les disciples de l'Évangile, répandus par toute la terre, deviennent de jour en jour plus nombreux.

(1) Crespin, *Histoire des martyrs*, 1584, liv. III. p. 132.

2.

IV

LA PAROLE DE DIEU RÉPANDUE PAR L'IMPRIMERIE.

Toutes choses te servent! dit le Psalmiste.

Lorsque Dieu voulut réveiller le monde du sommeil léthargique qui depuis des siècles durait de plus en plus lourd et profond, par combien de voies étonnantes n'a-t-il pas tout à coup manifesté sa volonté !

Le quinzième siècle allait finir, et de toutes parts il semblait que l'humanité sentît en elle un besoin de délivrance, une soif, une faim de vérité et de connaissances, un effroi de l'obscurité que l'on avait fait autour d'elle, et qu'elle voulût soulever l'épais bandeau dont on avait couvert ses yeux, en s'écriant : « De la lumière ! »

On a caractérisé cette époque par le nom de Renaissance, parce que le monde, effectivement, cherchait à renaître et à vivre de la vie de l'intelligence; mais comme le premier sentiment de la vie a été un retour vers Dieu et un besoin de rejeter tout ce que des siècles avaient accumulé d'inventions humaines pour séparer l'homme de son Créateur, cette époque a pris aussi le nom de siècle de la Réforme.

En 1500, déjà, un pas immense était accompli; une abondante nourriture était répandue, et les esprits s'en enrichissaient chaque jour. Tout y avait contribué, jusqu'à ces moines et ces prêtres qui, loin de se préoccuper du salut des âmes dont ils avaient charge, employaient leur vie en études littéraires, pour rendre au monde chrétien les sciences, la philosophie, l'histoire et la littérature des païens.

En même temps le monde, par un juste retour, jetait un regard curieux sur cette vie monastique si singulièrement détournée de son but, et se demandait où trouver des guides dans la recherche du salut.

Et quand les hommes honnêtes, effrayés de l'épouvantable corruption qui régnait dans toutes les classes, désespéraient d'y rencontrer ces conducteurs, vrais et fidèles messagers de la Parole de Dieu, voilée alors à tous les regards, voici cette Parole elle-même qui se fait jour et se répand sur la terre.

Un artisan obscur, le laborieux Gutenberg (1), sacrifiant ses veilles à la recherche d'un art nouveau, le découvre ; et cet art est un immense flambeau qui éclairera désormais le monde : c'est l'imprimerie, qui débute en répandant la vérité éternelle, en publiant la sainte Bible.

Jusque là de rares Bibles manuscrites, enfouies dans les bibliothèques des riches couvents, dérobées à la vue, étaient considérées comme de précieuses curiosités. Mais le pauvre, mais l'affligé, mais le mourant, où pouvaient-ils trouver la consolation et la délivrance ?

La première fois que le saint Livre frappa les yeux de Luther dans le couvent d'Erfurth,

---

(1) Henne Gensfleisch von Sulgeloch, dit Gutenberg, commença à imprimer vers 1436 ou 1440. Sa Bible parut en 1455.

la Parole de Dieu était attachée avec une chaîne de fer. Que de fois le grand réformateur n'a-t-il pas dû penser, pendant sa laborieuse carrière, à cette Bible enchaînée que Dieu lui ordonnait de délivrer.

La Bible est imprimée. Bientôt elle sera traduite dans la langue du pauvre et du mourant. L'affligé va entendre la bonne nouvelle. Le Christ rentrera dans le monde : c'est l'aurore de la Réforme.

Aussi, reconnaissant de cette bénédiction que Dieu lui envoie, c'est, comme aux premiers temps de l'Église, dans le peuple qu'apparaissent en plus grand nombre les lecteurs, les défenseurs, les confesseurs de l'Évangile. Pour un centenier, pour un homme de la synagogue, on voit cent pauvres pêcheurs qui deviennent pêcheurs d'hommes. Comme aux premiers temps de l'Église, ils paient le plus souvent de leur vie, leur joie d'avoir trouvé la lumière; mais ils meurent dans leur joie, le pardon dans le cœur, la bénédiction sur les lèvres, en disant avec le fidèle Théodore de Bèze :

« Un homme ne saurait mourir plus hon-
« nêtement, plus saintement qu'en perdant

« cette vie corruptible pour le salut de son
« pays et la gloire de Dieu (1). »

Vous tous, protestants qui lisez ces lignes, que votre cœur s'élève au Seigneur et le remercie d'avoir, par l'imprimerie, donné une seconde fois sa Parole au monde. Laissez à ceux qui redoutent la lumière le triste plaisir de regretter l'obscurité.

Soyez dans la joie et rappelez-vous que c'est par l'imprimerie que l'Évangile s'est répandu, et que sans l'imprimerie la vérité eût sûrement été cachée longtemps encore.

C'est par l'imprimerie que vos enfants et vous possédez la sainte Écriture, et que toute personne qui désire arriver à la connaissance de Dieu peut, riche ou pauvre, la connaître et l'étudier.

Et voulez-vous savoir en quel nombre prodigieux ce grand art a publié la sainte Parole ?

Avant l'an 1800, 3,000 éditions de la Bible avaient été imprimées et en avaient répandu 4 millions d'exemplaires. Les Sociétés bibliques, en se fondant au commence-

---

(1) Bèze. *Portraits.*

ment de notre siècle, opérèrent la diffusion de la sainte Parole sur une bien autre échelle.

La Société biblique anglaise a publié la Bible en 148 langues ou dialectes, au nombre de 43 millions d'exemplaires.

Les Sociétés des États-Unis en ont distribué plus de 10 millions; l'Allemagne, 3 millions; la France, un nombre considérable.

Ainsi, en cinquante années, voici une soixantaine de millions des saints Livres jetés à la surface de la terre, laissant le Saint-Esprit faire ensuite son œuvre.

« *Jette ton pain sur la face des eaux,* dit l'Ecclésiaste, *et après plusieurs jours tu le trouveras.* »

Que de bénédictions ont dû naître de ce pain de vie, que les navires ont transporté par les mers les plus lointaines, que les courageux missionnaires ont distribué aux peuples les plus barbares!

Qu'il y a loin de ce bon grain semé par toute la terre en abondance à cette Bible latine, enchaînée dans le couvent d'Erfurth, que Luther y découvrit, et qui dès lors fut sa vie et sa lumière!

O perle de grand prix! pour être devenue abondante parmi les hommes, puisses-tu ne pas leur paraître moins précieuse!

Il est d'autant plus doux de n'avoir choisi d'autre tâche que celle de raconter les vertus écloses au premier souffle de l'Evangile rentrant dans le monde, que, si l'on étudie l'histoire de ces temps, on trouve partout deux motifs qui combattent ouvertement et sans honte la Réforme naissante, ce sont : la politique et la cupidité.

Qui pourrait citer un fait, un exemple, un moment où l'on ait fait couler le sang pour défendre une vertu, pour conserver un principe de piété, pour suivre un ordre écrit dans l'Évangile?

Non! la loi de Dieu a horreur du sang. Celui qui le verse au nom du Seigneur commet un blasphème en même temps qu'un crime, et les jugements sanguinaires prononcés contre les réformés sont les premières preuves qui les défendent et qui condamnent leurs persécuteurs.

Et si l'on se reporte à ces temps douloureux pour examiner cette cause, on voit la persécution poursuivre de malheureux artisans, de pauvres habitants des campagnes qui, fatigués de longues souffrances, épuisés par des guerres sans but et sans frein, lassés d'une vie dont les labeurs n'amenaient aucun repos, aucune existence assurée pour leur vieillesse, avaient ouvert leur cœur à l'espérance de cet avenir que promet à tous l'Evangile du salut gratuit.

Rassasiés de misère sur cette terre stérile pour eux, ils allaient se réfugier dans le sein de l'Éternel; car il ne faut pas que l'on oublie qu'en ces temps le faible n'avait aucun droit, aucun appui.

Donc la bonne nouvelle, en se répandant sur la terre par mille voies, était précieuse surtout pour le malheureux. Le pauvre, qui n'avait pas le moyen, comme le riche, de payer son salut par l'achat des indulgences, apprenait dans l'Évangile que le Sauveur était mort pour le salut gratuit de tous les hommes, qu'il disait à chacun : « *Mon fils, donne-moi ton cœur,* » et à tous : « *Heurtez, et l'on vous ouvrira.* »

Frappe donc avec courage, pauvre peuple à qui l'on fait un crime de telles joies. On a voulu ravir à tes douleurs le baume de la consolation et de la foi, qui te faisait supporter ta faim et tes souffrances. Frappe, et le Seigneur t'ouvrira, te recevra dans son sein, bandera tes plaies, étanchera ta soif, et tu nous légueras ton exemple, et le pauvre saura désormais où il doit chercher son refuge.

Heurtez avec courage, hommes pieux qui, dans le clergé, vouliez rendre au prêtre sa sainteté, à l'Église sa pureté, et qui, sans penser à vous séparer de Rome, vouliez jeter le manteau de Noé sur un corps étalant alors sans honte ses scandales et sa nudité; c'est par votre pieuse entreprise que la vérité est entrée et s'est développée parmi nous. Le Seigneur a répondu à votre appel.

Heurtez à la porte, hommes intelligents, saisis du désir de vous éclairer et d'éclairer le monde, de répudier l'erreur, de chasser l'obscurité, heureux de trouver que la lumière émane de Dieu, mais ne reconnaissant pour véritable que la lumière qui provient de Lui.

Et vos salutaires exemples nous fortifieront, et votre vie servira de guide à la nôtre. Vous avez cherché à réformer votre cœur avant de réformer le monde, et votre règle de conduite a été :

« *Quiconque fait le mal, hait la lumière et ne vient point à la lumière, de peur que ses œuvres ne soient reprises. — Mais celui qui agit selon la vérité vient à la lumière, afin que ses œuvres soient manifestées, parce qu'elles sont faites selon Dieu.* » (Jean, III, 21.)

V

LEFÈVRE D'ÉTAPLES ET GUILLAUME FAREL.

Après ces indispensables préliminaires, nous allons entrer dans le grand mouvement de la Réforme en France au début du seizième siècle.

La première réflexion qui frappe lorsqu'on étudie l'histoire de ces temps dans notre patrie, c'est le regret qu'un roi sage et pieux n'ait point alors régné sur la France. De quel éclat la Réforme eût brillé, si François Ier avait eu l'esprit religieux, solide, éclairé, les vertus privées du Grand-Électeur qui protégea Luther en Saxe.

Aux premières lueurs de ce réveil, nous rencontrons deux hommes dont les noms, trop peu connus parmi nous, doivent rester inséparablement liés : ce sont Jacques Lefèvre et son disciple, son ami fidèle, Guillaume Farel (1).

Le premier vint au monde pauvre, de famille obscure; c'était un enfant du peuple.

Le second, riche, de famille puissante et ancienne, était un noble.

Le premier, né en 1455, à Étaples, en Picardie, apporta le caractère calme, sérieux et réfléchi des populations du Nord.

Le second, né en 1489, à Gap, en Dauphiné, avait le sang bouillant, le caractère hardi, emporté des races du Midi.

Tous deux, doués d'un amour profond pour l'étude, cherchèrent dans l'Université de Paris l'instruction la plus étendue que l'on pût acquérir alors.

Lefèvre, que l'on peut appeler le véritable père de la Réforme en France, qui la pressentit, la fit naître, l'enseigna, sans cependant se séparer de l'Église romaine, devança Farel de trente ans. Il devint l'un des hommes les plus savants de l'époque ; et pour étendre ses con-

(1) Crespin; Cruttet; de Bèze; de Félice.

naissances, poussé peut-être par un secret désir de remonter aux sources des saintes Écritures, il visita l'Italie, les contrées orientales de l'Europe, l'Asie, l'Afrique.

A son retour à Paris, il trouva l'étude des lettres en grande faveur. C'était le moyen par lequel Dieu préparait les voies à la Réforme, et les Universités y travaillaient sans s'en douter, sans le désirer, en favorisant les savants, les sciences et la littérature.

Parmi les protecteurs de Lefèvre, on doit mettre au premier rang un homme vertueux et bon, malheureusement sans courage et sans force contre l'opinion du monde, Briçonnet, qui fut depuis nommé évêque de Meaux, et qui, en y attirant Lefèvre et Farel, devint la cause du grand et rapide développement de la Réforme dans cette ville.

Lefèvre était de petite taille, chétif et de pauvre mine. Son extérieur ne promettait guère l'effet que produisait sa puissante parole; dès qu'il ouvrait la bouche, son savoir, son esprit, sa conviction, son amour de la vérité, entraînaient ses auditeurs ravis et séduits. Il avait pris bien vite un rang important dans l'Université. Érasme, le premier littérateur de son temps, regardait Lefèvre comme le premier professeur de Paris.

Farel, au contraire, avait apporté en naissant toutes les qualités extérieures qui frappent, saisissent et donnent un grand ascendant sur les hommes. Il possédait une imagination vive, une grande énergie, poussée même parfois à l'excès; un esprit pénétrant, une grande sincérité, et surtout une ardeur et un courage indomptables, une hardiesse qu'aucun obstacle ne pouvait arrêter.

Né de parents fervents catholiques, il embrassa avec un enthousiasme extrême les enseignements religieux qu'il reçut; il accepta toutes les pratiques, toutes les adorations qui lui étaient commandées, avec la foi la plus sincère et le dévouement le plus complet.

Son père, qui partageait avec la noblesse de son temps le préjugé que la carrière des armes seule était noble, eût voulu faire entrer le jeune homme dans les armées. Son ambition paternelle s'était d'ailleurs éveillée au récit des belles actions d'un jeune Dauphinois, compatriote de son fils, et qui, du même âge à peu près, commençait cette vie glorieuse à jamais célèbre dans notre histoire, et illustrait un nom devenu proverbial pour exprimer le courage et la générosité, celui de Bayard.

Mais Farel se disait qu'il y avait une gloire plus grande et plus vraie. Il sentait qu'il y arriverait par l'étude, et toutes les instances de son père ne purent le détourner de cette voie. Il obtint donc de venir étudier à Paris, où il arriva vers 1510, pour y rencontrer bientôt Lefèvre.

Et voici ces deux hommes réunis dans la même ville; possédés du même amour de science et de vérité, gardant avec un même respect les enseignements de l'Église catholique. Par quelles voies étranges et cachées Dieu conduit les hommes! la piété du vieillard prosterné devant les images, la ferveur qui le faisait prier agenouillé pendant de longues heures, frappèrent le jeune homme, qui commença à l'aimer : « Parce que, dit-il,
« jamais je n'avais vu chanteur de messe qui
« plus dévotement la chantât. »

Il se présenta à lui comme un humble écolier, et fut accueilli comme un fils par le savant professeur. Aussi sa reconnaissance se changea bientôt en une affection tout-à-fait filiale, et cette affection dura autant que sa vie.

Dès ce jour, ainsi qu'il arrive souvent, le hardi, l'énergique, le violent jeune homme fut dompté, captivé, par l'humble et doux vieillard, et dès lors ils ne se quittèrent plus. Étudiant ensemble, approfondissant en commun la science sacrée, cherchant à s'approcher de Dieu, but suprême de leurs études, mais sans aucun dessein de s'éloigner de l'Église de Rome, sans prévoir où la vérité devait les conduire, n'osant encore entrevoir l'erreur, redoutant la lumière dont ils sentaient le besoin et dont ils devaient bientôt être inondés.

Farel lisait la Bible, ne croyant rien faire qui pût nuire à ses croyances romaines; et cependant son cœur était plein d'angoisses, en remarquant combien les voies du monde étaient différentes de celles commandées par les saintes Écritures, et éloignées de l'adoration de Dieu en esprit et en vérité. Lefèvre était également tourmenté. Il sentait que cette Église, qu'il respectait tant, ne pouvait rester livrée à l'immoralité, au scandale, aux profanations, par la vente des choses sacrées, la mise à prix d'argent du salut, l'oubli des commandements de Dieu, toutes choses que tous les jours il voyait avec horreur autour de lui.

C'est dans ces moments où l'amertume, l'inquiétude, et peut-être une espérance secrète qu'il n'osait raisonner, troublaient son âme et l'agitaient de vagues pressentiments, qu'il saisissait la main de Farel, en revenant d'adorer une image ou de servir la messe, et lui disait : « Mon cher Guillaume, Dieu re-« nouvellera le monde, et vous le verrez ! »

Ainsi, ce fut par la superstition et par l'obéissance que Dieu voulut les conduire à la connaissance de la vérité, afin que nul ne pût dire sans mensonge que l'ambition, l'orgueil, la convoitise ou la passion aient entraîné ces deux hommes dans des voies nouvelles. Ils abandonnèrent, au contraire, tous les avantages qu'ils pouvaient attendre du monde ; et dépouillant le vieil homme, laissant derrière eux la vanité, ils chargèrent leur croix et commencèrent ensemble leur pèlerinage, en quête du royaume de Dieu.

Depuis longtemps, Lefèvre avait entrepris un travail ingrat et pénible qui consistait à recueillir les légendes des saints pour les classer ensuite dans l'ordre du Calendrier.

Cette étude avançait : les deux premiers mois en étaient déjà imprimés quand le dégoût le prit; il ne put continuer. Effectivement, il faut lire *la Légende dorée* et les autres ouvrages analogues, pour se faire une idée de ce que les légendes présentent de contes absurdes, impies et ridicules. Il rejeta donc ces fables monastiques et se plongea dans l'étude des saintes Écritures.

Il commença par saint Paul. Les Épîtres du grand apôtre des Gentils, qui appela nos pères à la connaissance du Christ, dissipèrent bien vite les ténèbres de son esprit. Il les étudia, les commenta, en professa en chaire les doctrines, et faisant imprimer ses commentaires en 1512, les répandit dans le monde.

Pour la première fois, les salles de la Sorbonne retentirent, devant un auditoire étonné, de cette parole qui contenait en germe toute la Réforme et la condamnation de toutes les erreurs : « *C'est Dieu seul qui, par sa grâce, par la foi, justifie pour la vie éternelle.* » Grande parole! Éloquente expression de toutes nos espérances! Dès que Farel l'entendit, il la saisit, l'enferma dans son cœur et crut au salut gratuit.

Une multitude de jeunes disciples, ardents à écouter ces nouveaux enseignements, sentant la vie naître en eux, ouvraient leurs esprits à ces doctrines et les acceptaient avec joie. Combien d'entre eux scellèrent plus tard de leur sang la foi qu'ils venaient d'acquérir! Combien partirent, de même que les apôtres du Calvaire, pour aller répandre par toute leur patrie l'Évangile de Jésus-Christ!

C'est pour cela que nous devons considérer Lefèvre et Farel comme les pères de notre Réforme, et tenir à honneur de faire remarquer cette époque de 1512, qui précéda de cinq années le premier acte public de la Réforme allemande, les thèses affichées par Luther à Wittenberg.

La Réforme est donc née spontanément en France; née par la volonté de Dieu d'abord, née de l'excès du mal ensuite. Commencée sans parti pris, elle ne songeait point à se séparer de l'Église romaine, qu'elle croyait servir en essayant de la purifier; et ce furent précisément les alarmes, les colères, les persécutions de la Sorbonne qui forcèrent les premiers réformateurs à sonder le mal jusque dans ses replis les plus cachés, et à s'en éloigner quand ils virent que les palliatifs qu'ils proposèrent d'abord ne faisaient qu'irriter des hommes intéressés à conserver la corruption dont ils vivaient.

Nous avons déjà nommé Briçonnet (Guillaume), qui avait d'abord été ambassadeur de François Ier auprès du Pape. Il revenait de Rome, désolé, honteux de tout ce qu'il avait vu. Il avait été nommé évêque de Meaux, et s'empressa de visiter son diocèse.

Mais les cruelles déceptions qui l'avaient affligé à Rome l'attendaient là encore : il trouva dans son clergé les mêmes vices, les mêmes désordres qu'il avait déplorés dans le clergé romain. Partout les cures étaient abandonnées; les prêtres, vivant à Paris dans la débauche, laissaient leurs troupeaux à la garde de vicaires qui ne s'en occupaient pas davantage. Il entreprit de réformer les mœurs de son Église; mais loin de rencontrer l'obéissance et le respect que son rang commandait, ses prêtres se révoltèrent en masse et l'attaquèrent en Sorbonne, sous prétexte qu'il attentait à leurs droits.

Désespéré de l'état de son clergé, qui s'indignait et protestait à l'idée d'être soumis à une discipline, à une morale, il chercha à s'entourer d'hommes irréprochables, pour former autour de lui un corps pieux, sévère dans sa conduite et ses doctrines, et capable de servir de modèle et de guide à ces malheureux troupeaux abandonnés par leurs indignes pasteurs.

En conséquence, il appela à Meaux Lefèvre, Farel, Michel d'Arande, G. Roussel, Vatables et quelques professeurs ou prêtres dont la vie et les principes, toujours d'accord ensemble, pouvaient être offerts en exemples.

Dès que ces hommes commencèrent à prêcher et à enseigner, il se fit un grand bruit de leurs discours parmi les habitants de Meaux. C'était une population composée en majeure partie d'ouvriers, d'artisans, tels que cardeurs de laine, foulons, tisseurs de draps. Non-seulement les habitants de la ville suivaient avec ardeur ces prédications, mais de toutes les campagnes voisines on accourait en foule. Ces hommes pieux, que la Sorbonne irritée chassait de Paris, éveillèrent la foi endormie, et firent à Meaux ce qu'ils eussent désiré faire dans la capitale. Les ouvriers des campagnes qui venaient, au temps des moissons, travailler dans ces riches plaines, y trouvèrent à récolter une moisson sacrée ; ils écoutèrent les nouvelles instructions, les emportèrent chez eux et semèrent ensuite ce premier germe de la doctrine de l'Évangile. Ils contribuèrent ainsi, modestes apôtres à leur tour, à fonder des Églises, et cette influence fut assez grande pour mériter, en ces premiers temps, à tous les adversaires de Rome, le nom d'*hérétiques de Meaux*.

Lefèvre n'étant point prêtre, ne prêchait point dans les églises. C'est dans les chaires des Universités qu'il avait exposé la Parole divine. A Meaux il redoubla la force de son enseignement; jouissant de plus de liberté, il annonçait avec une éloquence entraînante cet Évangile qui allait reprendre possession du monde, et s'écriait :

« Il faut que les rois, les princes, les
« grands, le peuple, toutes les nations ne
« pensent et n'aspirent qu'à Jésus-Christ; il
« faut que chaque prêtre ressemble à cet
« ange que vit Jean dans l'Apocalypse, vo-
« lant par le milieu du ciel, tenant en main
« l'Évangile éternel, et le portant à tous peu-
« ples, tribus, nations. Venez, pontifes; ve-

« nez, rois; venez, cœurs généreux! Nations,
« réveillez-vous à la lumière de l'Évangile,
« et respirez la vie éternelle. La Parole de
« Dieu suffit! »

« Connaître Christ et sa Parole, » disaient et répétaient sans cesse Lefèvre, Roussel, Farel, « voilà la théologie seule vivante, seule
« universelle. Celui qui connaît cela connaît
« tout. »

Et l'évêque Briçonnet, dans son zèle alors si ardent, pressentant les faiblesses où sa pusillanimité pouvait un jour entraîner sa conscience, avertissait le peuple, en prêchant, « que, encore qu'il changeât d'opinion, ils se
« gardassent de changer comme lui. »

Mais ce n'était point assez de dire ces choses; il fallait mettre les troupeaux à même de lire cette Parole qu'on leur disait tout contenir, et par conséquent il fallait la leur traduire.

C'est ce que Lefèvre entreprit et exécuta avec une pieuse activité. En 1521, les quatre Évangiles parurent en français, et Briçonnet, s'efforçant de contribuer à les répandre dans toutes les classes, enjoignit à son receveur de les distribuer gratuitement aux pauvres, « n'y

« espargnant, » dit Crespin, l'auteur de l'excellente *Histoire des Martyrs protestants,* « ni or, ni argent. »

Et l'on voyait les pauvres ouvriers emportant l'Évangile aux champs ou à l'atelier, employer à cette lecture les moments de repos et les jours de fête ; ils se disaient les uns aux autres : « A quoi nous peuvent servir les « saints et les saintes qui ont peine à se suf- « fire à eux-mêmes? Notre seul médiateur « est Christ. »

On remarqua bientôt un changement considérable dans les mœurs : l'ivrognerie, les querelles, les dérèglements disparurent, et la piété sembla rentrer avec la paix dans le monde.

Bientôt Lefèvre publia tous les autres livres du Nouveau Testament. En 1524, il en donna une nouvelle édition, comprenant toutes les parties réunies. En 1525, il y joignit une version française des Psaumes.

En 1528, il avait achevé la traduction de l'Ancien Testament et la fit imprimer à Anvers. Pour faire apprécier combien une telle publication était importante, il est bon de faire connaître ce que la France possédait alors de la Parole de Dieu. Un écrivain aussi instruit que renommé, M. Nisard, dit dans son *Histoire de la littérature française* : « Il n'y avait en France, pour toute Bible, qu'une sorte d'interprétation grossière, où la glose était mêlée au texte, et faisait accorder la Parole sacrée avec tous les abus de l'Eglise romaine. Les prédicateurs de la cour de Louis XII faisaient aller Caïn à la messe, et payer les dîmes à Abel. La vierge Marie lisait les Heures de Notre-Dame. Abraham et Isaac récitaient, avant de se mettre au lit, leur *Pater Noster* et leur *Ave Maria.* » Et ces Bibles travesties contenaient une foule d'autres sottises, dont quelques-unes avaient un but sérieux, témoin celle-ci : On lisait dans le Nouveau Testament, du temps même de François Ier : *Hereticum de vitâ,* au lieu de : *Hereticum devita;* c'est-à-dire qu'au lieu de : Évite l'hérétique, on y trouvait : Tue l'hérétique.

Cette traduction de la Bible, que fit Lefèvre, servit de base à la traduction que fit plus tard Olivétan, et qui fut plus répandue ; mais l'honneur revient à Lefèvre d'avoir le premier fait connaître, par une version sinon parfaite, du moins sincère et fidèle, les saints Livres en France.

La sœur du roi François Ier, Marguerite de Valois, princesse remplie d'intelligence et douée du cœur le plus noble, le plus droit, le plus aimant et le plus pieux, avait écouté les leçons de Briçonnet et de Farel; elle s'était éprise de cette soif de vérité qu'elle voyait en eux, et reçut avec joie cet Évangile français qu'elle lut, approfondit, et répandit autour d'elle. Plût à Dieu, pour le bonheur des peuples, que son frère eût partagé ses sentiments au lieu de donner sa vie entière à des guerres désastreuses, à des amusements honteux, à de folles entreprises; il perdit tous les avantages d'une grande intelligence, en se laissant guider par l'amour du plaisir et la vanité; en oubliant ses devoirs, il finit par ne donner au monde que le triste spectacle de sa versatilité et de sa dépravation.

Ce fut l'Église de Meaux qui, la première en France, eut l'honneur d'arborer l'étendard du Christ; la première aussi qui s'attira la colère de ses ennemis.

Le bon évêque Briçonnet fut bientôt dénoncé, cité en Sorbonne et traité avec une rigueur dont son caractère pusillanime s'effraya. Il donna le honteux exemple d'une faiblesse que les hommes du peuple n'imitèrent point dans son Église. Il abjura cette foi nouvelle qu'il avait protégée et prêchée ; mais combien son front dût rougir, combien son cœur dut être rempli de regrets et d'amertume lorsqu'il vit un de ces hommes pour lesquels il avait dit : « Encore que je vienne « à changer, gardez-vous de changer comme « moi ; » un pauvre cardeur de laine, nommé Jean Leclerc, endurer avec constance, pendant trois jours, le supplice du fouet, et souffrir le quatrième d'être marqué au front avec un fer brûlant, par la main du bourreau, sans laisser échapper une plainte (1).

Et pour que l'héroïsme se montrât plus frappant encore du côté du pauvre, une voix seule s'éleva du sein de la foule : « Vive Jé- « sus-Christ et ses enseignes, » s'écria la courageuse mère du supplicié qui, certes, avait dû souffrir autant que son fils et qui, bénissant la blessure infamante, versait le baume et la consolation sur le front du jeune martyr.

Le peuple ému s'ouvrit avec respect pour

(1) Crespin ; de Bèze.

la laisser passer; aucune main n'osa se lever parmi les soldats ou les prêtres, et la mère regagna d'un pas lent sa triste demeure. Ne croirait-on pas lire un récit du premier siècle de l'Église!

L'année suivante, Leclerc, réfugié à Metz, y subit un supplice dont le récit fait horreur, et fut le premier mis à mort en France pour la cause de l'Évangile.

Il semble que, comme aux premiers jours du christianisme, le réveil de la piété ait, par opposition, réveillé l'esprit de cruauté parmi les hommes! Détournons le plus possible nos regards de ces atrocités, et répétons seulement, à chacune des victimes qui désormais tomberont si nombreuses sous le fer ou dans la flamme, Dieu leur donna de souffrir le martyre.

VI

JACQUES PAVANNES ET L'ERMITE DE LIVRY.

Le grand historien protestant, l'illustre réformateur, Théodore de Bèze, parlant de Lefèvre d'Étaples, lui rend cet hommage d'avoir été l'homme qui, le premier, « commença avec « courage le renouvellement de la pure reli- « gion de Jésus-Christ, » et il ajoute que de son école sortirent plusieurs des hommes les plus excellents de leur siècle et de l'Église.

Aussi, tandis qu'il réunissait autour de lui, à Meaux, un troupeau de pauvres fidèles qui furent les premiers consacrés par ce baptême de sang de la persécution, son esprit, resté parmi ses disciples à Paris, y répandait la lumière, y propageait la lecture et l'étude des

Livres saints. Farel, tantôt à Meaux, tantôt à Paris, redoublait d'enthousiasme et d'activité. La Réformation prenait possession du sol de France, et la lutte y était déjà engagée avant que Luther et Zwingle eussent animé de leur ferveur l'Allemagne et la Suisse.

Mais la persécution une fois commencée dans Meaux ne pouvait en demeurer là. Paris eut bientôt aussi ses bûchers et ses martyrs.

Le premier pour lequel ces feux impies furent allumés se nommait Jacques Pauvant ou Pavannes; c'était un jeune étudiant natif de Boulogne, qui, à Meaux, s'était fait remarquer parmi les plus zélés disciples de Lefèvre. « C'était, dit Crespin, un homme de grande « sincérité et intégrité. »

Il avait été arrêté à Meaux avec deux autres, qui, à l'aide de lâches transactions, obtinrent d'être relâchés, et qui ensuite entraînèrent Pavannes, à force d'obsessions, à faire amende honorable, lui représentant qu'il était encore trop jeune pour être juge assuré en de si difficiles questions. Il céda donc, mais s'en repentit de suite et résolut de ne point manquer à la cause du Christ, si, une seconde fois, il était appelé à le confesser.

L'occasion ne se fit point attendre longtemps.

Le malheureux Briçonnet, une fois engagé dans la honteuse voie du reniement de ce qu'il avait cru et prêché, cherchait à donner à la Sorbonne des gages que celle-ci ne trouvait jamais assez grands. Il fit prêcher en chaire la dénonciation des hérétiques. Ceux qui furent découverts furent pris, fouettés, marqués d'un fer chaud et bannis du royaume.

Jacques Pavannes fut emprisonné de nouveau. La Faculté de théologie défendit de traduire la Bible en tout ou en partie. Lefèvre d'Étaples et Gérard Roussel durent, ainsi que Farel, fuir en hâte; leur procès fut commencé.

Briçonnet, malgré tous ses efforts, fut lui-même cité devant le Parlement et condamné, après une humiliante procédure, à payer une amende considérable. Le malheureux évêque tâcha, depuis cet arrêt, de cacher sa vie et de se faire oublier; mais il dut souvent entendre au fond de sa conscience des voix semblables à celle de Farel écrivant à Zwingle :

« Plusieurs ont abandonné Christ d'une
« manière honteuse pour s'attacher à l'Ante-
« Christ, parce qu'ils aimaient les plaisirs
« grossiers et charnels, avec les douceurs
« d'une vie tranquille, plus que la gloire de
« Dieu. »

Pavannes fut conduit à Paris, et le souvenir de sa faiblesse passée lui fut un bouclier. Il défendit et confessa sa foi avec une inébranlable fermeté. Il fut condamné au feu et marcha au bûcher sans regret et sans crainte. Arrivé sur la place de Grève, il parla au peuple avec tant de piété et d'éloquence qu'un de ces docteurs de Sorbonne que le supplice d'un innocent n'effrayait pas, mais qui s'effrayait des paroles pieuses d'un martyr, déclara « qu'il voudrait qu'il en eût
« coûté à l'Église un million d'or, et que
« l'on n'eût jamais laissé parler Jacques Pa-
« vannes devant le peuple. »

Cet homme, au reste, avait raison à son point de vue, car c'est à l'aide de ces admirables exemples de fidélité à Dieu, de résignation, de douceur et de joie même dans le supplice que les Briçonnet devinrent si rares et les Pavannes si nombreux.

« *La semence de Lefèvre et de ses disciples, prise au grenier de Luther, germa dans le sot esprit d'un ermite qui se tenait près de la ville de Paris* (1). »

C'est en ces dédaigneuses paroles qu'un historien catholique du temps raconte la touchante histoire d'un pauvre martyr. La première pensée qui vienne en lisant ces expressions méprisantes est le souvenir de ce précepte de notre Sauveur : Bienheureux les pauvres en esprit.

Dans la forêt de Livry, à trois lieues de Paris, vivait effectivement depuis longtemps un pauvre ermite qui croyait gagner le ciel par une vie passée dans l'abstinence et l'inutilité. Il allait quêter dans les villages voisins le pain dont il avait besoin pour nourrir son corps. Il rencontra dans ses courses les réformés de Meaux, qui lui donnèrent la nourriture de l'âme. L'Évangile, mis entre ses mains, lui ouvrit les yeux. Il rentra dans son ermitage, riche de ce trésor, et de ce jour, où le salut gratuit lui fut révélé, sa vie fut changée. Désormais, au lieu de s'occuper

---

(1) Florimond de Rœmond.

à quêter ce pain qu'il n'avait point gagné, il se mit à parcourir les villages voisins pour y donner à tous ce précieux pain de vie dont il possédait la source. Abandonnant ses œuvres mortes, le jour où il cessa de croire au mérite des œuvres, il répandit sa charité en œuvres vivantes. Sa piété fut bientôt révélée, et de tous côtés on désirait entendre l'humble et doux messager évangélique qui devint le consolateur des pauvres et des affligés.

Mais il habitait trop près de Paris pour que la Sorbonne et ses juges n'en fussent pas bientôt informés. Il fut pris, jugé, condamné à être exemplairement puni « *de peine de petit feu.* »

Il fut conduit au supplice au milieu d'un grand appareil, car la Sorbonne avait voulu frapper l'esprit du peuple par l'éclat de ce spectacle ; mais il arriva, au contraire, que le calme et la douce résignation du pauvre ermite émurent de compassion cette foule ordinairement avide de ces cruautés ; et les docteurs de Sorbonne, pour détruire cette impression, criaient de tous côtés : « C'est « un homme damné qu'on mène au feu d'en- « fer! » Quant à lui, il ne fit que répéter qu'il voulait mourir dans la foi en son Seigneur Jésus-Christ; et il fut brûlé à petit feu.

Pauvre martyr obscur dont on ignore même le nom! malgré l'atrocité du supplice, on ne peut s'empêcher de dire : Quelle douce et sainte mort! et qui ne préfèrerait aujourd'hui, à quelque communion qu'il appartienne, être mort comme l'humble ermite de Livry, à partager devant le Juge incorruptible l'effrayante responsabilité de ceux qui, après l'avoir condamné, le poursuivaient d'injures jusque sur le bûcher.

VII

LOUIS DE BERQUIN.

Si les historiens catholiques ont à enregistrer bien peu d'actes de faiblesse parmi les pauvres persécutés, ils n'ont pas plus d'occasions d'accuser d'orgueil ou de révolte ces hommes condamnés au plus cruel des supplices. En général, ils se bornent à constater ce qu'ils nomment leur obstination, leur endurcissement, sans faire une seule réflexion sur la cause d'un courage si extraordinaire, sans accorder même un sentiment de pitié à ceux qui, abandonnant tout sur la terre, mouraient pour l'amour de leur Sauveur.

De quel côté était l'endurcissement de cœur ?

Parmi les gentilshommes de la cour de François Ier, Louis de Berquin, du pays d'Artois, s'était fait remarquer par une pureté de mœurs bien rare dans ce temps. Il passait pour un des hommes les plus vertueux et les plus instruits ; on l'appelait « le « plus savant des nobles (1). » Il aimait les pauvres, autre phénomène parmi les grands de cette époque, et leur prodiguait les soins de la plus touchante charité. De même que Lefèvre et Farel, il observait strictement les rites de l'Église catholique, jeûnes, fêtes, messes, observances, il obéissait à tout : l'hérésie lui était en horreur.

Mais la fraude lui était également odieuse, et s'il méprisait la grossière ignorance des docteurs de Sorbonne, il détestait leurs mensonges et leurs manœuvres ambitieuses et perverses. Sa franchise et son mépris des moines l'avaient mis en grande faveur auprès du roi. Dans la droiture de son cœur, il ne pouvait souffrir que l'on opprimât personne, et les persécutions commençantes le révoltèrent.

(1) Crespin.

Au lieu de se borner, comme les autres, à constater le courage obstiné des mourants, il voulut remonter à la source de ce courage et découvrir d'où ils tiraient leur force et leur résignation. Il voulut savoir ce que contenait cette Bible, objet de l'amour et du respect de ceux pour lesquels le bûcher s'allumait, motif de persécution et sujet de crainte pour ceux qui condamnaient les premiers au bûcher.

Il ouvrit donc la Bible, et son étonnement fut égal à celui de Lefèvre, à celui de Farel, en voyant à quel point la religion du Christ avait été défigurée, travestie. Berquin n'était point homme à s'arrêter sur le seuil de la vérité ; il étudia avec ardeur, et son cœur fut gagné par la Bible. Il se rapprocha bien vite de Lefèvre, de Marguerite, de Farel, de tous les nouveaux disciples de la Parole de Dieu. Il se mit à écrire, à traduire, à publier, pour répandre en France la joie et la lumière qui remplissaient son cœur. Théodore de Bèze dit que si François Ier eût été semblable à l'Électeur de Saxe, Berquin eut été un Luther.

Ces puissantes voix d'hommes ardents au

service de Dieu, et irréprochables dans leur vie privée, augmentèrent l'irritation du parti opposé. On ne pouvait les faire taire. Le seul moyen de les combattre était de les étouffer, et la nécessité en devenait chaque jour plus pressante, car une tête abattue, il s'en élevait dix. D'un autre côté, les succès de Luther en Allemagne commençaient à retentir en France, et le courage de Farel, de Lefèvre et de Berquin en devenait plus audacieux.

La Sorbonne s'adressa au roi qui refusa de l'écouter. Sa colère s'en accrut plus vive et plus profonde. Un jour, à Meaux, Lefèvre s'entretenait avec ses amis de ses espérances et de sa joie de voir l'Évangile rentrer dans le monde.

« Déjà, disait-il, l'Évangile gagne les cœurs des grands et du peuple, et bientôt, se répandant dans toute la France, il fera tomber partout les inventions des hommes. » Un moine Jacobin, nommé de Roma, l'écoutait. Il se leva tout d'un coup et s'écria d'une voix furieuse :
« Alors moi et tous les autres religieux nous
« prêcherons une croisade, nous soulèverons
« le peuple ; et si le roi permet la prédication
« de votre Évangile, nous le ferons chasser

par ses propres sujets de son propre royaume. »

Ainsi les uns se réjouissaient de l'espoir de voir ce Livre de paix et de salut apporter le bonheur parmi les hommes ; les autres haïssaient et le Livre et ceux qui le présentaient, et appelaient la guerre civile et la révolte au secours de leur domination ébranlée.

La persécution, commencée à Meaux contre le timide et faible Briçonnet ne l'eut pas plutôt vaincu qu'elle s'attaqua à Lefèvre ; mais celui-ci, comme protégé du roi, se justifia devant lui. Farel, forcé de revenir à Paris, y rendant courageusement témoignage à la vérité, fut vivement poursuivi, et n'ayant point, comme Lefèvre, de puissants protecteurs, fut obligé de se retirer en Dauphiné. Il ne se consolait de cet exil et de cette séparation qui l'éloignait de son maître, que par l'espoir de répandre l'Évangile dans le pays où il était né.

Le courageux Berquin travaillait toujours. Il vivait enfermé chez lui, uniquement occupé à lire, traduire, imprimer et répandre tout ce qui paraissait en Allemagne sur les questions nouvelles, tout ce qui lui semblait empreint

de l'esprit évangélique. C'était donc u[n]
gereux ennemi. On fondit chez lui à l'i[mpro]
viste ; ses livres furent saisis, empo[rtés,]
condamnés au feu, et Berquin lui-
fut cité pour comparaître et abjurer s[es er]
reurs.

Mais bien que l'échafaud ou le bûch[er dus]
sent être le prix de son courage, Ber[quin ne]
fut point ébranlé ; il résista, fut jeté d[ans les]
prisons du Parlement, puis livré à l'[évêque]
de Paris.

Un mouvement d'indignation con[tre les]
moines et les prêtres s'éleva parmi les [fidèles,]
et le roi, qui le partagea, envoya un h[uissier]
avec l'ordre de faire sortir Berquin de [prison]
et d'enfoncer les portes s'il trouvait d[e la ré]
sistance. Berquin fut donc rendu à la [liberté.]
Une fois libre, il comparut devant le [conseil]
du roi, qui examina l'accusation et l[e ren]
voya absous.

Enhardi encore par ce succès, il r[entra]
sur la brèche, malgré les avis et les [conseils]
de ses amis, du savant Érasme entre [autres,]
qui lui prédisait la triste fin qu'il se [prépa]
rait ; il recommença le combat cont[re ses]
ennemis implacables qui ne songeai[ent qu'à]

saisir le moment où l'éloignement du roi leur permettrait de se venger en liberté.

Nous le retrouverons plus tard, et nous verrons avec quelle fidélité il soutint et défendit jusqu'au bout la sainte cause qu'il avait embrassée.

VIII

LAMBERT.

Un nom nouveau va grossir la petite troupe de nos pieux ancêtres; et, cette fois encore, c'est des rangs, du fond des rangs de l'armée opposée que l'Évangile va tirer un défenseur. Dieu se servait alors des excès mêmes qui salissaient la vie des cloîtres pour susciter, du sein du désordre, d'ardents propagateurs de sa Parole.

Dans cette belle ville d'Avignon, si admirablement placée au bord du Rhône, au milieu de riches et riantes contrées, les papes avaient autrefois élu leur domicile, lorsque les schismes les avaient forcés de quitter

Rome. Au commencement du seizième siècle, ils y entretenaient un légat, entouré d'une petite cour de prêtres. Là s'élevait un jeune homme plus âgé de deux ans que Farel, et fils du secrétaire apostolique. Séduit par les discours des moines, il revêtit à quinze ans l'habit de Franciscain; car, doué d'une imagination ardente, il s'était livré de bonne heure aux illusions qui lui avaient été présentées, et qui faisaient de la vie du cloître une existence de paix et de sainteté. Il suffit, pour savoir combien il devait se voir déçu, de lire, dans les écrivains catholiques de cette époque, ce qu'était alors cette vie monacale; à quels désordres la paresse et l'oisiveté, l'opulence et la cupidité conduisaient cette foule d'hommes qui, pour n'avoir rien à faire et pour jouir d'une impunité presque complète, faisaient semblant de consacrer leur vie à Dieu.

Si nous cherchions à justifier ces assertions en citant des auteurs protestants, on nous accuserait de prendre des juges partiaux; mais, jusqu'à la Réforme, les historiens français, italiens, allemands, de toutes nations, ont raconté ces désordres. Tant qu'en parlant du mal ils n'ont pas proposé de remède, la cour de Rome ne s'est nullement inquiétée de leurs accusations, qui s'imprimaient même à Rome. Le jour où le remède a été sérieusement demandé, où ceux qui voyaient le mal ont voulu le réformer, ce mal a été nié, et les réformateurs condamnés par la cour romaine.

Je prendrai seulement à l'excellente *Histoire des Protestants de France,* de M. de Félice, deux courtes citations propres à éclairer sur l'état du corps ecclésiastique avant la Réforme, et sur le genre de prédication usité alors pour remplacer l'exposition de la Parole de Dieu.

Bellarmin, jésuite, cardinal, archevêque de Capoue, l'un des partisans les plus enthousiastes de la cour de Rome, qui voulait soumettre tous les rois aux papes, même pour les choses temporelles, et qui fut l'un des plus ardents ennemis du protestantisme, avoue « que quelques années avant l'appari-
« tion de l'hérésie calviniste et luthérienne,
« il n'y avait presque plus de sévérité dans
« les lois ecclésiastiques, ni de pureté dans
« les mœurs, ni de science dans les saintes

« lettres, ni de respect pour les choses sa-
« crées, ni de religion (1). »

Et Bossuet a dit avec plus de réserve, et en n'avouant que le moins possible l'étendue du mal :

« Plusieurs prédicateurs ne prêchaient que
« les indulgences, les pèlerinages, l'aumône
« donnée aux religieux, et faisaient le fonds
« de la piété de ces pratiques qui n'en étaient
« que l'accessoire. Ils ne parlaient pas au-
« tant qu'il fallait de la grâce de Jésus-
« Christ (2). »

Les voiles tombèrent donc bien vite des yeux du jeune Lambert, qui sentit, comme il l'a écrit plus tard, « que Dieu avait voulu
« qu'il entrât parmi les moines, afin qu'il pût
« manifester au monde les souillures de ces
« sépulcres blanchis. »

Angoissé, tourmenté, ne sachant où fuir les désordres dont il était témoin, il demandait à Dieu s'il ne vaudrait pas mieux pour lui rentrer dans le monde que risquer la perte de son âme dans le cloître, quand les pre-

---

(1) Bellarmin, *Op.*, t. VI, p. 296.
(2) Bossuet, *Hist. des Var.*, vol. V, p. 1.

miers écrits de Luther pénétrèrent jusqu'à lui. Déjà son éloquence naissante l'avait fait choisir par ses supérieurs pour aller porter la prédication dans les villages; et désirant s'acquitter fidèlement de cette tâche, que Bossuet lui-même nous montre si mal accomplie par les prêtres de cette époque, Lambert avait étudié la sainte Écriture et avait expliqué au peuple les Psaumes, les prophéties, et même l'Épître de saint Paul aux Romains. Ses succès lui avaient attiré la jalousie de ses confrères; car les couvents étaient plus souvent des séjours de discorde que des centres d'union et de charité.

Obligé de se réfugier en lui-même et dans l'étude, et ne trouvant aucune affection autour de lui, les écrits du grand réformateur le frappèrent d'autant plus qu'ils répondaient à l'état et aux désirs de son âme, et que son esprit avait du rapport avec celui de Luther. Cependant il ne put cacher ces traités hérétiques, qui lui furent pris et brûlés; mais il était trop tard : il les avait lus avec l'avidité d'une soif ardente, et la vie qu'il sentait renaître en son âme y fit entrer le désir d'aller à la source de cette eau vive, et chercher auprès de Luther les lumières que ses écrits lui faisaient entrevoir.

Il saisit l'occasion d'une mission dont il fut chargé par ses supérieurs, en 1522, pour quitter ce couvent dans lequel il ne voulait plus rentrer. Il gagna la Suisse, se rendit à Zurich, et après avoir, dans une discussion publique, entendu le pieux et sage Zwingle, l'apôtre de la Réforme en Suisse, combattre tout ce qui lui restait d'erreurs et de préjugés, il se déclara convaincu, quitta le froc, et embrassant la Réforme il partit pour l'Allemagne. Il atteignit Wittenberg en 1523, et se jeta dans les bras de Luther, qui, par ses écrits, lui avait envoyé la consolation. Celui-ci l'accueillit en frère. Son zèle, sa candeur, son courage méritaient cet accueil, et dès lors il se montra digne du maître dont il se faisait le fervent disciple.

Lambert se mit à étudier, à prêcher, à traduire des ouvrages allemands, pour les envoyer en France et hâter l'œuvre de la Réforme. A peine son travail lui pouvait-il fournir du pain, et pendant une année entière il vécut dans la plus grande gêne, comme tous ces réformés, ministres ou laïques, qui, forcés d'abandonner tout en quittant la France, supportaient avec courage les privations qui les attendaient à l'étranger ; il n'y avait que le ciel à gagner lorsqu'on se faisait protestant.

Il revint à Metz en 1524, ne put obtenir la permission d'y prêcher, et dut se borner à traduire et à envoyer à François Ier quelques ouvrages, dans l'espoir de travailler à sa conversion. Le clergé romain obtint bientôt qu'il serait expulsé de Lorraine, et Lambert dut quitter pour toujours son pays. Il retourna en Allemagne, où, appelé par le landgrave de Hesse, qui le chargea de réformer son Église, il passa sa vie à y éclairer le peuple, à fonder la Réforme, à améliorer les mœurs ; et il y donna toute sa vie l'exemple de la piété la plus sincère, de la candeur et de l'amour de la vérité.

IX

LA PERSÉCUTION DANS LES PROVINCES.

LECLERC. — FAREL. — SEBVILLE. — ANÉMOND DE COCT. — BERQUIN. — CATURCE.

La rigueur des poursuites exercées contre les réformés de Meaux avaient forcé les premiers chefs de la Réforme de s'éloigner de cette ville.

Nous avons vu Briçonnet tremblant devant ses juges, plus tremblant encore devant sa conscience; il se tenait caché, ne cherchant plus que l'oubli et l'obscurité, abandonnant le troupeau dont, pendant un temps, il s'était montré le pasteur fidèle. Mais ce petit trou-

peau ne s'abandonna pas lui-même; et, confiants dans la Parole de Dieu, les pauvres ouvriers ne pouvant plus avoir de réunions publiques, « s'assemblaient en cachette, » dit Crespin dans son *Histoire des Martyrs du Protestantisme*. « A l'exemple des fils des pro-
« phètes du temps d'Achab et des chrétiens
« de la primitive Église, et selon que l'op-
« portunité s'offrait, ils se réunissaient une
« fois en une maison, une autre fois en quel-
« que caverne, quelquefois aussi en quelque
« vigne ou bois. Là, celui d'entre eux qui était
« le plus exercé ès-saintes Écritures, les ex-
« hortait ; et ce fait, ils priaient tous ensemble
« d'un grand courage. »

Cette simple peinture n'est-elle point le tableau fidèle de la vie des chrétiens de la primitive Église ? Même foi, même piété, même courage, même espérance qui attend de Dieu sa délivrance et sa force, et ne mêle aucun intérêt humain, aucune passion à la sainte cause de la foi en Christ.

De Meaux et de Paris, la persécution s'étendit à Metz en Lorraine, où s'élevait une Église naissante.

Là s'était réfugié Leclerc, ce cardeur de

laine que nous avons vu dans Meaux souffrir le supplice du fouet et de la marque pour la cause de l'Évangile. J'ai dit qu'il fut le premier martyr de cette cause, et je vais conter brièvement sa fin. Tout en exerçant son métier, il cherchait à éclairer ses camarades et en avait converti plusieurs. Bientôt un frère Augustin, nommé Jean Chastelain, de Tournay, qui avait adopté la Réforme, arriva aussi dans cette ville. Lambert se joignit à eux, et ce petit groupe d'hommes dévoués se mit à l'œuvre avec ardeur. Ce que Leclerc tentait dans les ateliers, Chastelain le proclamait dans la chaire, Lambert l'imprimait, et tous trois bravaient les périls, étant tolérés par les magistrats, malgré la colère des moines et des chanoines.

Malheureusement le zèle plus ardent qu'éclairé et réfléchi de Leclerc l'entraîna jusqu'à commettre une grave offense envers le culte catholique ; il brisa les images d'une chapelle, but d'un pèlerinage qu'il déplorait, et cet acte répréhensible arrêta les fruits de leurs efforts. Il fut arrêté ; il avoua l'action qu'il avait commise, parce que, déclara-t-il devant ses juges :
« A Jésus-Christ seul appartient l'adoration,

« et non aux images. » Condamné au feu, il ouvrit le premier la longue liste de nos confesseurs. Chastelain vint ensuite; saisi, condamné, il glorifia Dieu dans les flammes et mourut. Lambert se réfugia à temps à Strasbourg, et leurs disciples allèrent, pour la plupart, à Bâle. Ce fut un grand empêchement à la prédication; mais malgré le triomphe apparent des persécuteurs, la Réforme continua à s'étendre en Lorraine.

Farel était rentré dans Gap, sa patrie, et là son dévouement et son énergie trouvèrent à s'occuper; il commença par convertir sa famille, puis ses amis, puis le peuple. Alors les moines le firent chasser de la ville. Il erra dans les campagnes, sur les bords de la Durance, de l'Isère et du Rhône, couchant dans les bois, sous les rochers, prêchant dans les champs et les prairies, et, nouveau Jean, il criait au peuple : « Rendez droite la voie du « Seigneur ! Revenez au Seigneur ! » Il convertit beaucoup de monde, et la persécution, qui se croyait forte et habile en chassant de Meaux, de Paris, de Metz les serviteurs de Dieu, augmentait au contraire le nombre de ceux qu'elle redoutait, en forçant les réformateurs à quitter les centres où ils avaient commencé à prêcher l'Évangile, et les envoyant errer parmi les populations. Ainsi le dit l'Écriture sainte des premiers disciples du Christ :

« Ceux donc qui furent dispersés allaient çà et là, annonçant la Parole de Dieu. » (Actes, VIII, 4.)

Ces persécutions devenant des dispensations de Dieu, ces Églises détruites donnant naissance à une foule de nouvelles Églises, font penser à ces torrents du Nouveau-Monde, attaquant, détruisant les pays hauts, entraînant les débris dans les plaines, où, plus tard, quand leurs ondes malfaisantes ont cessé de nuire, la foule vient recueillir les morceaux d'or arrachés à leurs gîtes naturels.

Farel trouva un frère et un compagnon de ses travaux dans un gentilhomme dauphinois nommé Anémond de Coct, homme pieux, homme de cœur, détestant les formes et les pratiques extérieures, méprisant le pharisaïsme, et n'aimant que la religion intérieure, que l'adoration en esprit et en vérité.

« Le sommaire du christianisme, disait-il, « se trouve dans cette parole : Jean a baptisé

« d'eau, mais vous serez baptisés du Saint-
« Esprit ; il faut être une nouvelle créature. »

Doué d'une grande activité, Anémond seconda sans relâche Farel dans son pénible ministère, allant de lieu en lieu, de maison en maison porter la Parole de Dieu ; réchauffant les faibles, consolant les malheureux avec une simplicité et un zèle qui gagnaient tous les cœurs.

Un prêtre se joignit bientôt à eux. Pierre de Sebville, curé de Grenoble, éloquent prédicateur, homme honnête et bon, reconnut Dieu dans sa Parole et résolut de la prêcher « clairement, simplement, purement. » Ainsi, chacun de ceux que le Seigneur appelait à l'enseignement de l'Évangile se faisait, suivant son caractère, une manière de l'exposer, et tous arrivaient au même but : « Qu'à Dieu « seul soit désormais la louange et la gloire. »

Bientôt il ne fut plus possible à ces trois hommes de continuer leur tâche en Dauphiné. Poursuivis, traqués de toutes parts, de rochers en rochers, de refuge en refuge, Farel et Anémond se retirèrent en Suisse, d'où ils continuèrent, de Bâle, de Genève ou de Neuchâtel, à soutenir et à évangéliser leurs compatriotes, qu'ils ne pouvaient plus exhorter de vive voix.

Là Farel continua, jusqu'à l'âge de 76 ans, l'apostolat le plus dévoué, le plus actif; il fut le réformateur de Neuchâtel, de Berne, de Genève, qui lui dut d'avoir forcé, par l'énergie de son appel, Calvin à se fixer dans son sein et à y dépenser sa noble vie.

Aucune existence n'a été plus active que celle de Farel ; nul réformateur n'a souffert plus de traverses, n'a été plus souvent rebuté, frappé, chassé par les ennemis de la Parole de Dieu. La prison, les blessures, le poison furent tour-à-tour employés pour fermer la bouche de cet homme dévoué, si pauvre, que le conseil de Genève le fit maintes fois vêtir, lui voyant « *de si méchants habits.* » Il ne pensait qu'à faire avancer le royaume de Christ. Il est un des plus beaux exemples de fidélité et de persévérance que l'Église réformée de France puisse raconter.

Anémond de Coct travailla fidèlement aussi, mais Dieu le rappela à lui à la fleur de son âge.

Que devenait à Paris, pendant ce temps, le courageux Berquin. Rendu plus fort par sa victoire sur ses ennemis, écoutant sa conscience plus que la prudence humaine, il engagea de nouveau le combat contre eux en tirant de leurs livres douze propositions qu'il accusait d'être contraires à la Bible et hérétiques.

Leur colère fut excessive et sa perte résolue. On profita d'une mutilation faite dans un carrefour à une image de la Vierge, pour accuser Berquin d'être l'instigateur de semblables actes; il fut donc arrêté de nouveau, et, pour la quatrième fois, rejeté en prison; mais la résolution fut prise de ne plus le laisser échapper. En conséquence, jugé en hâte, condamné au supplice du feu, il fut exécuté, nonobstant son appel au roi et au pape.

Quelle heureuse différence entre le temps présent et ces temps passés, et que de réformes dans les mœurs, les lois et les idées, ont été la suite et la conséquence de la Réforme religieuse! Nous voyons en ce temps-là des hommes revêtus de ce caractère sacerdotal qui semble commander avant tout la douceur et l'amour, l'horreur de la violence et du sang, et dont une des premières lois devait être : « Tu ne tueras point, » nous voyons ces hommes occupés à inventer des raffinements de supplice pour faire mourir des frères auxquels ils ne pouvaient reprocher que des opinions différentes des leurs, sans pouvoir incriminer leur vie ni leurs actions. Aujourd'hui, sous le règne de liberté de conscience qu'a amené la Réforme, les mœurs se sont adoucies au point que beaucoup d'hommes hésitent à condamner à mort les criminels les plus avérés, et ne croient pas avoir le droit d'abréger les jours du coupable le plus dangereux pour la société, et de retrancher ce que Dieu seul peut donner.

On profita de l'absence de François Ier pour exécuter la sentence. Érasme a raconté, d'après un témoin oculaire, la mort du courageux Berquin. « Vous eussiez dit, écrivit-il,
« qu'il était dans une bibliothèque à pour-
« suivre ses études, ou dans un temple à
« méditer sur les choses saintes. Quand le
« bourreau, d'une voix farouche, lui lut son
« arrêt, il ne changea point de visage; il des-
« cendit du tombereau d'un pas ferme et
« sans hésiter. Et il n'y avait rien non plus
« en lui de cette audace, de cette hauteur
« farouche que l'on remarque parfois dans

« les malfaiteurs ; le calme d'une bonne cons-
« cience apparaissait en lui. Avant de mou-
« rir, il s'adressa au peuple ; mais personne
« ne put rien entendre de ses paroles, tant
« étaient grandes les clameurs des soldats,
« clameurs commandées, à ce qu'on pense. »

Mais si d'indignes clameurs ont couvert la voix qui confessait encore le Christ sur l'échafaud, nous enregistrerons ici un dernier éloge, le plus grand peut-être qui se puisse donner, éloge que l'admiration et le cri de la conscience arracha à l'un de ses accusateurs.

Le docteur Merlin, grand-pénitencier, dit tout haut devant le peuple que personne en France, depuis plus de cent ans peut-être, n'était mort en si bon chrétien. Il oubliait que Pavannes, l'ermite, et bien d'autres avaient donné le même exemple. « Le juste meurt, « dit Ésaïe, et personne n'y prend garde (1). »

Consacrons un rapide souvenir au nom des hommes qui, se levant de toutes parts au grand appel des premiers réformateurs, contribuèrent à répandre partout la Parole divine, et à fonder de tous côtés des Églises.

---

(1) Ésaïe, LVII, 1.

A Grenoble, nous avons vu Pierre de Sebville ; à Lyon, nous trouvons Amédée Maigret ; à Mâcon, Michel d'Arande ; à Annonay, Étienne Machopolis et Étienne Renier, qui fut conduit au bûcher ; à Bourges et à Orléans, Melchior Wolmar ; à Toulouse, Jean de Caturce, professeur de jurisprudence, « homme, dit Crespin, d'excellent savoir, « tant en icelle profession qu'ès sainctes « lettres. » Une des accusations qui basèrent sa condamnation au feu, est bien remarquable : Désirant, dans sa piété, donner un caractère religieux à un amusement dont l'origine était religieuse, il voulut, en soupant avec des amis la veille des Rois, remplacer le cri : *le roi boit !* par l'invocation : *Christ règne en nos cœurs !* C'en fut assez ; il fut déclaré hérétique et condamné au bûcher. Là un moine jacobin voulut exhorter le peuple, et prit pour texte Tim., IV (1) :

« L'Esprit dit expressément qu'aux der« niers temps quelques-uns se révolteront « de la foi, s'adonnant aux esprits séducteurs « et aux démons. » Et il s'arrêta. « Continuez,

(1) Crespin.

« suivez le texte ! » lui cria Caturce avec une mémoire et un à-propos qui montraient autant de tranquillité d'âme que de savoir des saintes Écritures ; et le moine n'ouvrant pas la bouche, Caturce récita à haute voix au peuple la suite du passage qui en complète le vrai sens :

« Enseignant des mensonges par hypocri-
« sie, ayant la conscience cautérisée, défen-
« dant de se marier, ordonnant de s'abstenir
« des viandes que Dieu a créées pour les
« fidèles. »

Le moine resta muet de honte, et les écoliers couvrirent de leurs applaudissements le malheureux condamné.

« Il ne cessa, dit Crespin, jusqu'au der-
« nier soupir, de louer et glorifier Dieu, et
« d'exhorter le peuple à la connaissance
« d'icelui. On ne saurait exprimer le grand
« fruict que fit sa mort, spécialement vers
« les escholiers qui lors estoyent en ceste
« Université de Toulouse, assavoir l'an
« 1532. »

Malgré les persécutions qui redoublaient de violence, les prosélytes se multipliaient partout, du Nord au Sud de la France. Nous voyons la Normandie, la Picardie, la Lorraine, comme la Gascogne, le Dauphiné, la Bourgogne, le Berry s'éveiller à la fois et lutter de piété, de courage et de résignation.

Les supplices faisaient généralement horreur ; ils tombaient toujours sur des hommes qui s'étaient attirés jusque-là l'estime générale. Celui de Berquin surtout frappa de répulsion tous les esprits ; il était aimé de tous les gens de bien. Connu pour sa piété, réputé pour ses bonnes mœurs, aucune accusation fondée n'avait pu être portée contre lui. On l'avait vu avec joie échapper plusieurs fois aux bourreaux et continuer la lutte avec un admirable courage. Les hommes honnêtes, qui désiraient la fin d'abus scandaleux, voyaient quelles armes ceux qui profitaient de ces abus employaient pour les défendre. Les hommes de lettres, qui regardaient Berquin comme un des protecteurs de l'instruction et des lumières, furent frappés de terreur en pensant au règne d'ignorance qu'inaugurait une semblable persécution ; et le résultat fut que, malgré l'effroi que causait le supplice, la cause de l'Évangile s'étendit chaque jour davantage et recueillit de plus en plus les fruits d'une moisson arrosée du sang d'hommes si respectés.

X

MARGUERITE DE VALOIS ET LEFÈVRE D'ÉTAPLES.

Avant de parler de l'homme illustre qui donna son nom à la Réforme française, arrêtons-nous un instant pour faire connaître une des plus intéressantes figures de cette époque, l'aimable Marguerite de Valois, sœur du roi François Ier.

Lorsqu'on lit l'histoire de notre patrie, on y remarque combien la bonté de Dieu a été grande envers la France, avec quelle abondance sa gratuité l'a enrichie d'enfants doués des plus rares qualités ; en revanche, c'est avec une profonde douleur que l'on voit sans cesse des obstacles s'élever de la part du monde pour empêcher ces qualités et ces vertus de devenir fécondes et de servir au bien public.

L'histoire de la Réforme en est la preuve éclatante. Quelques arguments que le catholicisme puisse employer pour soutenir et défendre ses doctrines, comme il en a le droit, il ne peut, sans dénaturer la vérité, nier que les réformateurs et les premiers réformés fussent des hommes qui sacrifiaient leurs intérêts terrestres et jusqu'à leur vie pour suivre uniquement les sentiments de leur conscience; qui abandonnaient leur rang, leurs honneurs, leurs ambitions, pour se mettre au service du Christ, au risque d'être, comme lui, outragés et condamnés, de vivre dans la pauvreté et de mourir dans l'opprobre; qui donnaient l'exemple d'une conduite inattaquable et d'une morale pure et sévère au milieu d'une dépravation générale, et qui, s'il leur eût été permis de servir leur pays, s'en fussent montrés les plus fidèles défenseurs.

Qui pourrait nier, en outre, que les plus hautes intelligences de ce siècle furent les plus empressées à saisir les premières lueurs de ce jour nouveau et à pressentir l'éclat qu'il devait répandre sur la terre; enfin, et sans vouloir en tirer des conséquences trop exagérées, deux faits peuvent être mis en parallèle, qui montrent au moins les tendances des deux opinions qui divisèrent alors le monde et le divisent encore.

Un parti pauvre, obscur et naissant employait son intelligence, ses sueurs, son patrimoine pour éclairer les hommes en traduisant, imprimant et distribuant, au péril de sa vie, la Parole de Dieu.

L'autre parti, puissant, riche, organisé sur toute la surface de l'Europe, se prétendant seul instruit, seul éclairé, arrachait au roi François Ier, le 13 janvier 1535, l'odieux et ridicule édit de la suppression de l'imprimerie.

Marguerite de Valois mérite bien d'être placée en tête de ces nobles esprits, de ces grands cœurs, précurseurs du protestantisme, qui eussent amélioré le monde par leur exemple et leurs conseils si l'esprit du siècle n'avait lutté contre eux.

Elle était douée de ces qualités qui appellent l'affection et le respect; elle possédait tout : beauté, intelligence, douceur, amabilité, talents poétiques, piété, courage, dévouement, force d'âme; elle aimait Dieu, elle chérissait son pays, et malgré son aveugle vénération pour le roi son frère, elle lui donnait sans cesse d'excellents conseils dont il ne profitait guère.

La vanité, l'amour des plaisirs, une ambition orgueilleuse et stérile occupaient trop la vie débauchée du brillant prince pour qu'il pût posséder autre chose que des apparences de vertu et de religion. Sans suite dans ses projets, sans fidélité dans ses alliances, sans probité dans ses serments, ce roi, malgré sa renommée, est un de ceux qui coûtèrent le plus à la France, et qui contribuèrent davantage à grossir cet amas de guerres, de souffrances, de misères de toutes sortes dont l'histoire du moyen-âge offre le triste et douloureux tableau. En général, on n'a vu François Ier que par ses côtés chevaleresques; sa bravoure, son esprit, servaient d'auréole à ses nombreux côtés faibles; mais lorsqu'abandonnant la surface, l'étude est venue approfondir ces beaux récits de gloire, ces titres de Protecteur des arts et de Père des lettres, que de misères, que de sang, que d'injustes actions sont venues détruire cet échafaudage et montrer la pauvre France ruinée par des guerres inutiles, dévorée par un luxe effréné, démoralisée par l'exemple des vices glorifiés et des vertus traînées au supplice.

C'est pour cela qu'à côté de François Ier l'image de Marguerite de Valois, si sage, si pieuse, si fidèle amie des hommes de bien, si aimable protectrice des hommes de lettres, fait tant de plaisir à retracer.

Dès l'aurore de la Réforme, elle pencha vers les idées nouvelles et voulut s'en instruire. Douée de ce tact admirable des âmes élevées, elle se lia de suite avec ceux qui pouvaient lui donner à la fois l'instruction et l'exemple. Ses premiers maîtres furent Lefèvre d'Étaples, Farel et Briçonnet. C'est d'eux qu'elle apprit à marcher dans la voie des saintes Écritures en recherchant toujours la vérité. Elle rendait en protection, à ses dignes maîtres, ce qu'ils lui donnaient en doctrine, les soutenant de son crédit, les assistant de sa bourse, les cachant ou les accueillant près d'elle, et les arrachant même à la prison.

Elle eut d'abord une grande influence sur l'esprit trop léger de son frère. Lorsque, fait prisonnier à la bataille de Pavie, il fut conduit en Espagne et enfermé dans une prison étroite, seul, abandonné, abattu par le chagrin et l'isolement, Marguerite pensa que les consolations divines, si puissantes pour elle, le seraient également pour le pauvre prince humilié, déchu de sa grandeur, tombé aux mains de son rival. Elle essaya de lui faire lire les Écritures. Elle trouva dans son dévouement le touchant courage d'aller, sans sauvegarde assurée, partager sa captivité; et cette sœur, aussi habile que dévouée, devint, par ses prudents conseils, l'instrument de sa délivrance. Malgré de telles obligations, François Ier fut, dans sa versatilité, sans cesse flottant entre les prières de sa sœur et les calomnies de ceux à qui tous les moyens étaient bons pour perdre les réformés, et ce parti finissant par l'emporter, la triste Marguerite, qui n'osait tenir tête aux volontés de son frère, pleurait en silence et répandait dans ses poésies, pleines d'âme et de sensibilité, les douleurs dont son cœur était rempli.

On l'appelait, parmi les protestants, la bonne dame, la très excellente et très chère chrétienne.

Par une opposition naturelle, la haine des moines se déchaînait contre elle avec une fureur et une insolence que le roi fut obligé de réprimer. Ainsi, un cordelier ayant déclaré en chaire que Marguerite méritait d'être liée en un sac et jetée à la Seine, le roi, indigné, ordonna qu'on en fît autant du moine. Je ne cite cet ignoble trait, cette grossière impudence, que parce que Marguerite intercéda pour le moine et fit commuer la punition qu'il s'était attirée.

Lorsque la pauvre princesse reconnut que tout crédit lui était retiré à la cour, et que, sous la déplorable influence des favorites et des mauvais conseillers, l'esprit de persécution prenait chaque jour plus de puissance, elle se retira dans le Béarn. Elle avait épousé Henri de Bourbon, roi de Navarre, et sa petite cour, dans la ville de Pau, devint l'asile et le refuge d'une foule d'hommes célèbres, soit par leur piété, soit par leur esprit. Ce beau pays fut éclairé, développé par son influence et sa présence : elle fonda des écoles ; elle enrichit le peuple et fit le bonheur de tous. Aussi, en 1549, sa mort fut un deuil universel parmi les Béarnais, qui se rappelèrent longtemps cette parole si chrétienne et si belle de leur chère princesse :

« Les rois et les princes ne sont pas les maîtres et les seigneurs des petits, mais seulement des ministres que Dieu a établis pour les servir et les conserver. »

Ses sujets lui durent encore cet honneur éternel d'avoir donné à la France son meilleur roi,

Le seul roi dont le peuple ait gardé la mémoire,

et que l'on nomme encore le Béarnais. Elle fut la grand'mère de Henri IV, ayant eu pour fille la courageuse Jeanne d'Albret, autre grande et pieuse princesse.

Le vieux Lefèvre d'Étaples, cet homme si doux et si laborieux, qui toute sa vie travailla comme un apôtre et qui, malgré les persécutions, ne voulut jamais rompre entièrement avec l'Église romaine, dont il était profondément haï pour avoir le premier allumé un flambeau devant l'Évangile, Lefèvre, ce patriarche de la Réforme, cassé par l'âge, usé par les veilles, s'était réfugié sous la protection de la bonne Marguerite, lorsqu'elle tenait encore sa cour à Blois; elle l'avait fait nommer bibliothécaire du château royal; mais craignant que la persécution ne vînt l'y enlever, elle lui offrit un asile plus sûr dans ses États, et écrivit en conséquence au connétable Anne de Montmorency pour avoir du roi la permission de l'emmener dans le Béarn.

Sa lettre est touchante par les termes affectueux qu'elle emploie en parlant de son vieux professeur, et par le soin qu'elle apporte à dissimuler la vraie cause du départ qu'elle sollicite.

« Le bonhomme Fabry (pour Lefèvre) m'a
« escript qu'il s'est trouvé un peu mal à
« Bloys, avecques ce qu'on l'a voulu fascher
« par delà. Et pour changer d'air, iroit vou-
« lontiers veoir ung amy sien pour ung temps,
« si le plaisir du roy étoit lui vouloir donner
« congié. Il a mis en ordre sa librairie, cotté
« les livres, et mis tout par inventaire, lequel
« il baillera à qui il plaira au roy. »

Elle obtint la permission désirée, et Lefèvre alla chercher la paix et le repos à Nérac. Là sa vieillesse eût été douce et paisible près de sa bonne protectrice, si la pensée des souffrances de ces réformés, qu'à bon droit il considérait comme ses enfants, n'eût été une plaie vive dans son cœur. Cependant il espéra toujours que la bonté de Dieu accorderait enfin la délivrance à son peuple fidèle; et il mourut dans ces sentiments de confiance, épuisé par l'âge et la lutte, en disant : « Je « laisse mon corps à la terre, mon esprit à « Dieu, mon bien aux pauvres. »

J'ai à dessein rapproché la mort de ces deux personnes, qui ont eu cela de commun que toutes deux appartenant de cœur et d'âme au protestantisme, n'ont jamais été complétement détachées de l'obéissance à la cour de Rome; puis parce que cette affection que Lefèvre avait témoignée à la jeune princesse, en l'introduisant dans le sanctuaire évangélique, lui fut rendue par celle-ci en protection touchante et en soins respectueux de sa vieillesse.

XI

OLIVÉTAN.

LES VAUDOIS ET LA BIBLE FRANÇAISE.

Nous avons vu que Lefèvre donna le premier une traduction complète de la Bible. Ce travail, fait rapidement, laissait à coup sûr désirer une révision attentive, si ce n'était une traduction nouvelle. Sur les instances de Farel, Olivétan, homme instruit, pieux et zélé, exécuta ce grand travail. Nous devons donc un témoignage de reconnaissance à celui qui consentit à se charger d'une tâche si pesante et si difficile ; d'ailleurs, il lui fut donné de rendre à l'Église réformée deux immenses services.

Le premier et le plus grand fut sans contredit d'avoir fait de la Bible le livre de tous, du pauvre comme du riche, de l'homme peu instruit comme du savant.

Le second d'avoir fait connaître cette sainte Parole à l'homme le plus capable de la comprendre et d'en profiter, à Calvin, qui devint par là le père et le directeur de la Réforme française.

J'ai déjà exposé qu'il existait quelques traductions historiées de la Bible, quelques histoires scolastiques de certains livres ; mais c'est à Lefèvre et à Olivétan que revient l'honneur d'avoir, les premiers, traduit le saint Livre dans son entier.

Olivétan naquit à Noyon, en Picardie, ville qui fut aussi la patrie de Calvin, et tous deux étaient parents par alliance. Sa vie est peu connue, et c'est à Genève que nous le trouvons précepteur dans une famille, où il cherchait à répandre les doctrines évangéliques avec un zèle ardent qui le fit même bannir de la ville. Il se retira à Neuchâtel.

où, sur les instances de Farel, il entreprit sa grande tâche.

Ce fut en 1535 que la traduction achevée fut imprimée et donnée à la France.

Les détails de cette première impression sont trop touchants, pour que nous les passions sous silence.

Trois chrétiens des Vallées-Vaudoises du Piémont, Hilerme Eusemeth, Céphas Chlorothes et Antoine Almeutes avaient visité, quelques années auparavant, les Eglises chrétiennes de France. Ils n'y trouvèrent que bien peu de Bibles en français ; elles étaient manuscrites, et probablement n'appartenaient qu'à quelques riches. Il y en avait bien quelques-unes imprimées, mais elles ne contenaient, dit Théodore de Bèze que « *fausseté et barbarie.* »

Les envoyés vaudois voyant cette grande misère spirituelle, s'en affligèrent, et dirent, ainsi que le raconte Olivétan lui-même, « que
« pour l'honneur de Dieu et pour le bien
« de tous les chrétiens ayant connaissance
« de la langue française, il seroit grande-
« ment expédient de repurger la Bible, selon
« les langues hébraïque et grecque, en lan-

« gage français; à quoi iceux nos frères se
« sont joyeusement et de bon cœur accordés,
« s'employant et s'évertuant à ce que cette
« entreprise vînt à effet. »

On s'adressa à Olivétan, dont la modestie repoussait l'idée de se charger d'un si grave et si saint travail, et ce ne fut pour ainsi dire que contraint par les appels adressés à son cœur au nom de l'intérêt public et de l'amour de la vérité, qu'il accepta cette tâche.

« J'ai fait du mieux que j'ai pu, écrit-il,
« après avoir achevé sa traduction; j'ai la-
« bouré et foui le plus profondément qu'il
« m'a été possible, en la vive mine de la pure
« vérité, pour en tirer l'offrande que j'apporte
« pour la décoration et pour l'ornement du
« saint temple de Dieu. Ainsi donc, ô Euse-
« meth, ô Chlorothes, et vous tous autres
« fidèles, je n'ai pas honte, comme la veuve
« de l'Évangile, d'avoir apporté devant vos
« yeux mes deux petits quadrains de la va-
« leur d'une maille qui est toute ma subs-
« tance. D'autres viendront après moi qui
« pourront mieux réparer le chemin, et faire
« la voie plus pleine comme est facile à es-
« pérer. »

Une fois la traduction faite, il fallait l'imprimer, et trouver pour cela les fonds nécessaires. Or, en ces temps de persécution, les hommes attachés à l'Évangile avaient dû, généralement, abandonner tout pour suivre la loi et la croix de Christ. Ils pouvaient, comme Jean, dire : « Je n'ai ni or ni argent. » Ensuite le désir et l'espoir n'étaient point de faire de ce Livre saint l'objet d'un commerce lucratif. On voulait, au contraire, le répandre en le vendant à bas prix, et même en le donnant le plus souvent. Un des premiers sentiments des réformateurs avait été l'horreur que leur inspirait la vente publique et journalière des choses sa ntes : vente de la guérison du corps et de la guérison de l'âme, vente du salut, rachat du purgatoire; tous ces trafics abominables qui tarifaient la justice de Dieu et prétendaient lier sa puissance éternelle, tous ces actes d'une avidité grossière devaient disparaître devant la Parole divine, et faisaient souhaiter de pouvoir enfin distribuer le Livre saint comme on donne le pain à tout affamé qui le demande.

Alors ces pauvres Vaudois, persécutés auparavant, massacrés plus tard, chassés de

France, dépouillés des biens acquis à la sueur de leurs fronts, ces mêmes Vaudois se réunissent, et pour que tout chrétien parlant français puisse posséder le divin trésor, ils fouillent de bourse en bourse, collectent de chaumière en chaumière, et finissent par récolter la somme énorme de quinze cents écus d'or. Que de pites et d'oboles entrèrent dans la composition d'un tel capital, qui servit à faire imprimer à Neuchâtel, chez Pierre de Wingle, cette première édition si rare aujourd'hui, dont ils offrirent à leurs frères de France les exemplaires en grand nombre.

Olivétan trouve à ce sujet de touchantes paroles à dire à ses compatriotes :

« C'est à toy, pauvre petite Église, qu'est
« adressé ce précieux thrésor, de la part
« d'un certain pauvre peuple, le tien ami, et
« frère en Jésus-Christ, lequel, depuis que
« jadis il en fut doué et enrichi par les apô-
« tres ou ambassadeurs de Christ, en a tou-
« jours eu l'entière jouissance ou fruition; et
« maintenant icelui te voulant faire fête, de
« ce que tant tu désires et souhaites, m'a
« donné cette charge et commission de tirer
« et déployer ce thrésor hors des armoires et

« coffres hébraïques et grecs, pour, après
« l'avoir entassé et empaqueté en bougettes
« françaises, le plus convenablement que je
« pourrai, selon l'adresse et le don que Dieu
« m'a donné, en faire un présent à toi, ô
« pauvre Église, à qui rien on ne présente. »
Dès que l'édition fut faite, des hommes
fidèles, au péril de leur vie, la transportèrent
partout en France. Déjà, depuis 1524, Farel,
réfugié à Bâle avec beaucoup d'autres réformés fugitifs, avait organisé les moyens de
faire arriver aux Églises persécutées la Parole divine.

Par leurs soins, des merciers ambulants, des
colporteurs partaient incessamment, chargés
en cachette des Evangiles traduits par Lefèvre
d'Etaples; ces hommes dévoués s'en allaient
de village en village, offrant à vil prix, avec
les marchandises qui faisaient le but apparent
de leur voyage, ces livres précieux, que le
bon marché et l'attrait de la nouveauté engageaient à acheter. Et les Livres saints faisaient
en silence leur œuvre bénie dans le cœur des
familles, et sans aucune prédication humaine
amenaient le monde à la Réforme et à la
vérité.

Mais la persécution qui poursuivait les hommes s'attachait avec fureur à ces Livres proscrits : c'était une victoire que de découvrir et brûler la Parole de Dieu. Démence incroyable et sacrilége ! Aussi combien peu d'exemplaires de ces premières éditions ont pu survivre ; combien ont péri dans les flammes, à côté des martyrs auxquels ils avaient apporté le salut et la consolation. L'âme du chrétien, l'esprit du saint Livre remontaient ensemble à leur source éternelle, et leur vivifiant exemple faisait naître autour du bûcher même de nouveaux réformés et d'ardents confesseurs. Toutes ces Bibles ont été dépensées ; aucune n'a été perdue ; disons donc : Que la mémoire d'Olivétan soit conservée et bénie !

XII

JEAN CALVIN.

NOYON. — POITIERS. — FERRARE. — STRASBOURG ET GENÈVE.

Nous sommes enfin arrivé au moment de faire connaître l'homme qui donna son nom à la Réforme française, à laquelle il dévoua sa vie, Calvin, dont l'existence entière ne fut employée qu'à l'étude et à la propagation de la vérité évangélique, et qui ne se reposa que lorsque, usé par ses incessants travaux et ses longues veilles, le Seigneur le rappela à lui

Jean Calvin (originairement nommé Cauvin) naquit à Noyon, en Picardie, le 10 juillet 1509. Il était d'une famille d'honnêtes bourgeois. Son père avait rempli les fonctions de notaire apostolique et de secrétaire de l'évêché. « C'était, dit Théodore de Bèze, un homme « de bon conseil et de bon entendement, mais « sévère et dur. » Sa mère, Jeanne Lefranc, de Cambrai, femme d'une piété rigoureuse, l'éleva dans des habitudes religieuses conformes à l'état ecclésiastique, qu'il était destiné à embrasser.

En récompense de ses rares et grandes dispositions, et de son assiduité à l'étude, il partagea les leçons que recevaient les fils du comte de Monmor, et en 1523 il obtint de les accompagner à Paris pour y suivre les études qu'il fit au collége de la Marche d'abord, de Montaigu ensuite.

A dix-huit ans il fut pourvu d'une cure, quoiqu'il n'eût pas l'âge voulu pour être ordonné prêtre; en conséquence, il ne la desservit point. Mais alors son père, pensant que la carrière du droit serait plus lucrative pour l'intelligent et pieux jeune homme que la carrière ecclésiastique, changea la direction de ses études, ne prévoyant guère dans quel détachement des choses du monde et avec quel désintéressement Calvin passerait sa vie.

La facilité avec laquelle le jeune homme, obéissant à son père, abandonna ses premiers projets, fut probablement due aux doutes qui commençaient à pénétrer dans son cœur sur la valeur des enseignements théologiques qu'il recevait, et sur la sainteté de la vie ecclésiastique telle qu'il la voyait pratiquée autour de lui.

Il avait apporté en naissant un besoin de foi et une sévérité de conscience qui ne le quittèrent jamais. C'était une de ces âmes qui ne peuvent transiger avec le monde et qui s'y fraient une voie d'une inflexible rectitude, quitte à blesser ce monde ennemi de tant de rigidité, et plus soucieux d'une forme commode que d'une fermeté blessante.

Il eut le bonheur, comme il a déjà été dit, d'être initié par Olivétan à la connaissance des saintes Ecritures; et, de même que Luther et Zwingle, il lui suffit d'entr'ouvrir la Parole de Dieu pour être gagné à sa cause. Au premier appel du Seigneur, ces trois hommes répondirent et le suivirent sans hésiter.

Dès-lors aussi toute pratique superstitieuse, toute foi extérieure fit place, en Calvin, à la foi intérieure; car, ainsi qu'il l'a écrit lui-même, il commençait à « avoir quelque goût « de la vraye piété. »

On pourrait probablement citer peu d'hommes dont la vie se soit écoulée aussi pieuse, aussi pure, aussi préservée d'égarements que celle de Calvin. Bien que sa jeunesse ait été aussi exemplaire que son âge mûr, des écrivains catholiques ont répandu dans maints livres qu'il s'était vu forcé de quitter Noyon par suite d'inconduite et après avoir été condamné au honteux supplice des verges. Une telle accusation a nécessité des recherches qui ont tourné à la honte des calomniateurs. Effectivement, on a trouvé dans les annales de l'église de Noyon, écrites par le chanoine Levasseur, qu'après le départ de Noyon du jeune Calvin, il y arriva un jeune prêtre, également nommé Jean Cauvin, dont la conduite fut si mauvaise et le dérèglement si grand qu'il subit de graves punitions et fut même battu de verges, si l'on s'en rapporte à maître Jacques Desmay, prêtre et docteur en théologie.

Mais les deux écrivains catholiques s'accordent pour déclarer que cet indigne prêtre n'eut rien de commun avec le réformateur, et que la vie du débauché fut pure de toute intention de Réforme. Ils ont écrit un chapitre exprès, de peur que le prêtre condamné aux verges n'eût le malheur d'être confondu avec le protestant, le catholique avec l'hérétique. Quoique la vie de Calvin n'eût pas besoin de recevoir ce certificat de moralité, il est curieux de l'obtenir dans une telle forme des écrivains catholiques contemporains, et cet exemple montre une fois de plus à quel point certaines préventions éteignent tout sens moral. Laissons-leur donc le honteux Jean Cauvin, et remercions-les de ce que, grâces à leurs soins, sa flétrissure ne saurait rejaillir sur le sévère et pur Calvin.

C'est dans l'Université d'Orléans que celui-ci vint étudier le droit. Le rapprochement de Paris, l'activité des esprits, le mouvement de Réforme qui s'y était étendu, faisaient de cette ville un centre où les doctrines évangéliques prenaient chaque jour de plus profondes racines. Le zèle du jeune homme pour l'étude le fit tellement remarquer qu'on le choisit bientôt pour professeur. On voulut même le faire recevoir gratuitement docteur; mais il refusa. L'étude de la théologie l'attirait; il sentait que là étaient sa vie et sa destinée. Aussi, dès que la journée donnée à l'étude du droit était finie, après avoir pris un léger repas, il se mettait à l'étude des Livres saints, et passait la plus grande partie de la nuit dans ces profondes recherches. Il dormait peu, et dès son réveil repassait dans son esprit les leçons de la veille. C'est en usant sa santé dans ce travail excessif qu'il mérita d'être nommé plus tard *le théologien par excellence,* et qu'il acquit la connaissance la plus approfondie de la Parole divine qu'homme ait possédée. Il y épuisa ses forces physiques, et sa constitution, détruite par les fatigues et les veilles de l'étude, ne put jamais se rétablir.

En même temps, pressé par sa conscience de répandre la vérité qu'il découvrait, il était obligé de renoncer à la solitude, qu'il préférait au monde.

« Étant d'un naturel sauvage et honteux, » dit-il dans la préface de son livre sur les Psaumes, « j'ai toujours aimé repos et tran-
« quillité, je commençai à chercher quelque
« cachette et moyen de me retirer des gens.
« Mais tant s'en faut que je vinsse à bout de
« mon désir, qu'au contraire, toutes retraites

« et lieux à l'écart m'étaient comme places
« publiques. »

Effectivement, dans un âge qui d'ordinaire n'inspire point encore le respect et la confiance, il était si sérieux, si sévère pour lui-même, si profondément instruit, et parlait avec une telle conviction, qu'un nombreux auditoire l'entourait sans cesse, avide d'ouïr ses paroles et de s'éclairer à ses leçons. Et de son côté, Calvin, entraîné par les appels de sa conscience, prit dès-lors la résolution d'abandonner toute autre carrière, toute autre fortune pour consacrer sa vie à étudier la Parole de Dieu, pour la répandre et pour amener des âmes au divin Maître.

« Aussi, dit Théodore de Bèze, il avança
« merveilleusement le royaume de Dieu en
« plusieurs familles, enseignant la vérité, non
« point dans un langage affecté, dont il fut
« toujours ennemi, mais avec une telle pro-
« fondeur de savoir et telle et si solide gra-
« vité en son langage, qu'il n'y avait dès lors
« homme l'écoutant qui n'en fût ravi en ad-
« miration (1). »

(1) De Bèze, *Histoire ecclésiastique*, t. VI.

Tantôt à Paris, tantôt à Orléans, tantôt à Bourges ; étudiant à la fois la théologie, les lettres, le grec ; se perfectionnant dans le latin au point d'arriver à l'écrire avec une pureté antique ; étudiant également le français encore barbare, en sorte qu'il devint un des hommes qui ont le plus contribué à purifier et fixer notre langue ; Calvin, toujours travaillant, se liait de plus en plus avec tous les grands esprits qui s'unissaient dans le désir de voir la Réforme s'étendre malgré la persécution.

Il écrivit un commentaire sur le *Traité de la Clémence* de Sénèque, dans le but, du moins on le suppose, d'engager François Ier à cesser de poursuivre *les luthériens*, nom généralement donné alors à tous les réformés.

En 1533, il composa pour un de ses amis, recteur de l'Université, un discours que celui-ci prononça, et qui excita contre eux la colère des cordeliers. Tous deux durent fuir. Les papiers de Calvin furent saisis, et sans la charitable intervention de Marguerite, la persécution fut tombée sur ses amis, à défaut de pouvoir l'atteindre lui-même.

Il se réfugia à Angoulême, où, changeant

de nom, il se mit à travailler avec tant d'ardeur aux éléments d'un grand ouvrage sur la religion chrétienne, qu'il en oubliait le manger et le dormir.

En même temps, il prêchait la doctrine de l'Évangile avec un infatigable courage. Quand la persécution devenait trop proche et trop menaçante, il se retirait dans quelque retraite ignorée, telle que la grotte que l'on montre encore auprès de Poitiers, sous le nom de *grotte de Calvin*.

C'est là qu'un jour un de ses disciples lui objectant qu'il fallait croire que la messe était d'institution divine puisqu'elle était célébrée dans tous les pays chrétiens, il répondit en montrant la Bible : « Voilà ma messe ; » puis s'écria en levant les yeux au ciel : « Seigneur,
« si au jour du jugement tu me reprends de
« ce que je n'ai été à la messe et l'ai quittée,
« je te dirai avec raison : Seigneur, tu ne me
« l'as pas commandé ! Voilà ta loi, voilà l'É-
« criture que tu m'as donnée, dans laquelle
« je n'ai pu trouver autre sacrifice que celui
« qui fut immolé à l'autel de la croix. »

Un autre souvenir bien précieux s'y rattache encore. C'est au fond de cette grotte que

Calvin et ses amis prirent ensemble la sainte Cène, comme jadis les premiers chrétiens persécutés dans les catacombes de Rome.

Pendant son séjour dans ces contrées, il alla visiter à Nérac le vénérable patriarche de la Réforme, le pieux Lefèvre d'Étaples, qui, frappé de la solidité de jugement, de la science précoce et du génie profond de Calvin, pressentit en lui l'homme qui devait fonder en France l'Église de l'Évangile du Christ.

Cette espérance dut être douce pour le cœur du digne vieillard, qui s'éteignit trois ans après cette entrevue, racontée par Théodore de Bèze en ces naïves paroles :

« Ce bon vieillard vit de bon œil ce jeune
« homme, comme présageant que ce devoit
« estre l'auteur de la restauration de l'Église
« en France. »

En 1534, Calvin se sentant complètement détaché de l'Église romaine, et sa conscience lui disant qu'il ne devait conserver aucun des avantages que les bénéfices dont il avait été pourvu lui assuraient, résigna ces bénéfices et sa cure, et après avoir encore une fois visité Noyon, sa ville natale; Paris, où il avait fait ses études; Orléans, où il avait été éclairé;

Angoulême et Poitiers, où il avait commencé son apostolat en formant des disciples à l'Évangile, il voulut se retirer à Bâle en Suisse, espérant y pouvoir vivre dans le repos, l'étude, l'obscurité et la paix, biens que son naturel timide et réservé lui faisait ardemment désirer.

Avant de quitter Poitiers, il réunit ses amis et les exhorta à continuer avec fidélité l'œuvre qu'ils avaient commencée, et à travailler activement à répandre la Réforme en France. Trois d'entre eux répondirent à son appel. Jean Vernon se chargea de prêcher l'Évangile dans Poitiers et ses environs; Albert Babinot partit pour accomplir la même tâche à Toulouse, et Philippe Véron prit pour champ de travail la Saintonge, l'Aunis et l'Angoumois.

« Je m'en allai en Allemagne, écrivit Calvin,
« pour y trouver en quelque coin obscur le
« repos que je n'avais pas pu trouver pendant
« un long temps. »

Mais ce repos qu'il cherchait, il ne devait plus le rencontrer sur la terre, car sa vie ne fut que lutte et travail incessant. « Vous reposer ! s'écriait un grand serviteur de Dieu à un écrivain religieux fatigué du combat; vous reposer ! n'aurez-vous pas pour cela l'éternité? »

L'Esprit de Dieu dut souvent faire entendre à Calvin cette fortifiante Parole; car faible, maladif, usé avant l'âge, il travailla sans interruption et sans relâche, et n'attendit plus que le repos éternel entre les bras de son Sauveur.

A peine arrivé à Genève, informé des calomnies odieuses que François 1er faisait répandre, pour se disculper vis-à-vis des princes allemands et des Suisses des cruautés qu'il avait ordonnées ou permises envers les malheureux luthériens, Calvin sentit que sa conscience irritée lui commandait de prendre la défense de la vérité, et qu'il devait sauver l'honneur de ceux à qui l'on arrachait la vie. Il jugea que le seul moyen efficace était de développer devant le monde la doctrine de la Réforme et de le prendre pour juge. Nous devons l'*Institution chrétienne* à ce généreux mouvement.

C'est à l'âge de 26 ans que Calvin conçut et exécuta ce grand ouvrage, l'exposé le plus complet qui eût encore été fait des principes de la religion réformée. Il y travailla pendant deux ans. Elle fut publiée le 6 août 1535, et plus tard il la traduisit en français, pour que son livre fût à la portée de tous. Par modestie, il ne mit point son nom à son ouvrage; mais ce livre causa tant d'étonnement et d'admiration que le public s'efforça d'en découvrir l'auteur, et y réussit bientôt. Il est aisé de comprendre quelle réputation s'attacha dès-lors au nom de Calvin; non seulement l'importance du fond, mais encore la beauté du style frappèrent tout le monde, et il fut en peu de temps considéré comme le défenseur suscité par Dieu pour soutenir et faire connaître sa Parole.

Farel, qui depuis quelque temps déjà résidait à Genève, employa toutes les forces de son éloquence pour obtenir que Calvin s'y fixât aussi, et l'y décida après un rude combat. Cette résolution prise, celui-ci accepta la place de prédicateur que le Conseil de Genève lui offrit.

Au nombre des travaux religieux de Calvin, il ne faut point oublier le voyage qu'il fit à Ferrare, où il fut appelé par la duchesse Renée de France, après qu'il eût publié l'*Institution chrétienne*. Cette princesse, digne amie de Marguerite de Valois, partageait ses sentiments sur la Réforme, et confirmée, éclairée dans ses opinions par Calvin, elle fit de sa cour le refuge des réformés français fugitifs. L'éloquence du jeune ministre de l'Évangile entraîna dans la voie nouvelle beaucoup d'Italiens; mais l'inquisition, la puissance du clergé et la légèreté d'esprit de ces populations mit obstacle à ce que ces conversions fussent durables, et Calvin, bientôt poursuivi, dut quitter l'Italie. L'affection que Renée avait conçue pour lui dura autant que sa vie ; ils restèrent toujours en correspondance active, et sur son lit de mort Calvin lui écrivait encore de pieux conseils.

Son livre s'était rapidement distribué parmi les réformés de France, avait fortifié, converti, appelé beaucoup de fidèles, et le Parlement, instruit de l'effet qu'il produisait, le condamna en 1542, ordonnant à tous ceux qui en seraient détenteurs de le déposer dans le délai de trois jours, sous peine de la hart; et cette peine de la hart ou de la potence était également portée, dit l'arrêt, « contre les im-
« primeurs qui ne sont maîtres en l'imprime-
« rie demeurans ès-lieux destournés et esga-
« rés de cette ville de Paris. » C'est-à-dire que tout imprimeur clandestin devait être pendu.

L'affection que Calvin portait à sa patrie lui fit faire encore une tentative pour y rentrer à son retour d'Italie. On sait qu'il revint jusqu'à Noyon et revit sa famille pour la dernière fois, puis retourna dans cette ville de Genève, qu'il devait rendre le grand centre de la Réforme, et d'où, après l'avoir elle-même évangélisée et réformée, il devait constamment encourager, instruire, étendre les Églises naissantes de France. Il l'avait cherchée comme une place de repos, elle devint son champ de bataille. Banni de cette ville, ainsi que Farel, pour avoir trop énergiquement combattu les désordres et les vices du parti des libertins, il alla, pendant trois années, prêcher la Réforme à Strasbourg et y fonder une Église en 1538, en y réunissant 1,500 réfugiés français.

L'historien catholique Florimond de Rœmond, parle en ces termes de cette Église : « Ce fut le réceptacle des bannis de France « et l'hôtesse de celui qui a donné son nom « au calvinisme. C'est là où le Talmud de « la nouvelle hérésie, qu'il a bâti, principal « instrument de nos ruines, fut battu et forgé. « Bref, c'est là où la première Église française, qu'ils appellent, fut dressée pour « servir de modèle et de patron aux autres « qu'on a vu depuis, çà et là, s'établir en « France (1). »

(1) Florimond, liv. VI, p. 638.

Le même auteur nous donne un curieux échantillon des sottises que la passion fait écrire, vantant la charité de Calvin pour le convaincre de mensonge, et faisant son éloge tout en l'accablant d'invectives. Il remarque que Calvin avait fait graver cette sentence en tête de l'*Institution* : *Non veni mittere pacem sed gladium* (1). « Je suis venu apporter non « la paix, mais l'épée; » et jugeant que l'auteur parle de lui-même, il l'accuse de mensonge : « Aussi véritables l'un et l'autre en « leurs prophéties, comme ils ont été men-« songers en leur vrai sens. Pendant son sé-« jour à Strasbourg, les François qui fuioient « les feus de la France étoient consolés et « assistés par Calvin (2). »

Rappelé par Genève, il lutta longtemps contre son cœur qui l'y portait, et il eut aussi bien de la peine à obtenir de la ville de Strasbourg la permission d'en partir. « Il fut « reçu à Genève, dit de Bèze, de singulière « affection par ce povre peuple, recognois-« sant sa faute, et qui estoit affamé d'ouïr

---

(1) Matt., X, 34.
(2) Florimond, VI, 838.

« son fidèle pasteur : on ne cessa point qu'il
« ne se fut arrêté pour toujours. » On lit
aux registres du Conseil : « On prie très ins-
« tamment Calvin de rester ici pour toujours,
« et on lui donne un habit de drap. » Strasbourg avait voulu lui conserver son traitement de professeur; il l'avait refusé.

C'est alors que, sous l'influence de sa prédication forte et sévère, de son exemple et de
ses écrits, cette cité de Genève prit ce caractère ascétique et pieux, cette puissance morale, cette importance littéraire qu'elle a conservés durant trois siècles, et qui la firent,
avec un territoire des plus restreints, devenir
l'émule en intelligence des plus grandes ca-
pitales; mais il n'obtint ce résultat que par
des luttes bien longues, trop étrangères à
notre plan pour nous en occuper. Cherchons
seulement à achever de faire connaître le caractère et le courage de l'homme dont le nom
s'est imposé au protestantisme français pendant si longtemps. Un des traits dominants de
son caractère, son excessive sévérité, son
austérité lui ont attiré bien des reproches et
de nombreux et acharnés adversaires, pendant sa vie et après sa mort. Je laisse le soin

d'exposer ses principes aux savants historiens qui, de nos jours, ont étudié à fond ce grand caractère, mais je citerai, pour donner une idée de la manière dont il envisageait la vie et la considérait comme un temps d'épreuve, un passage d'une lettre qu'il écrivait, en 1546, à une dame tourmentée en France pour cause de religion, et à laquelle il conseillait de tout abandonner pour venir à Genève, afin d'y servir ouvertement Dieu suivant sa conscience :

« ..... Vous me demanderez si, étant
« venue ici vous aurez repos assuré pour
« tous jours; je confesse que non. Car pen-
« dant que nous sommes en ce monde, il
« nous convient être comme oiseaux sur la
« branche. Il plaist ainsy à Dieu et nous est
« bon. Mais puisque cet azylet vous est
« donné auquel vous puissiez achever le
« reste de vostre vie en le servant, s'il luy
« plaist, ou bien profiter de plus en plus, et
« vous conformer en sa parolle, affin que
« vous soyez plus preste à soutenir les per-
« sécutions quand il luy plaist, ce n'est pas
« raison de le refuser.

« Je scay que c'est dure chose que de

« laisser le pays de sa naissance, principale-
« ment à femme ancienne comme vous, et
« d'estat. Mais nous devons repousser telles
« difficultés par meilleures considérations.
« C'est que nous préférions à nostre pays
« toute région où Dieu est purement adoré :
« c'est que nous ne désirions meilleur repos
« de nostre vieillesse que d'habiter en son
« Église où il repose et faict sa résidence ;
« que nous aymons mieux d'estre contemp-
« tibles en lieu où son nom soit glorifié par
« nous, que d'estre honorables devant les
« hommes en le fraudant de l'honneur qui
« lui appartient. »

Il faut dire à la gloire de Calvin que subordonnant tout à l'obéissance à Dieu il voulait qu'au péril de la vie on défendît sa Parole et sa loi, et en même temps fidèle à l'esprit de l'Évangile, il recommandait à ses disciples de ne point se défendre eux-mêmes contre les violences de leurs ennemis (1).

---

(1) Voir plus bas, p. 156, *Avis aux Églises*.

Lorsque, par l'ascendant de sa piété incontestée, de son talent et de sa fermeté, il eut obtenu, à Genève, la victoire sur le parti des libertins, il poursuivit, aidé de tous les pasteurs de la ville, l'amélioration des mœurs publiques, complètement dépravées, au dire de tous les historiens, par le parti vaincu. Le Conseil, à sa demande, interdit les jeux et les danses. « Ce ne sont pas les plaisirs innocents que je blâme, disait Calvin ; les jeux de cartes, par exemple, n'ont rien en eux-mêmes de criminel ; mais je crains l'empire que de tels divertissements prennent bientôt sur ceux qui s'y livrent : les fraudes, les querelles, les divisions de famille. » Ces principes sages furent bientôt poussés trop loin, et les pasteurs s'étant laissés aller, dans leur zèle inconsidéré, jusqu'à attaquer en chaire les magistrats qu'ils trouvaient trop tolérants pour le vice, ceux-ci firent défendre aux ministres et plus particulièrement à Calvin de se mêler de politique.

On voit que dans le fond de son âme résidait ce sentiment qu'il ne pouvait ni contenir ni modérer :

« Le zèle de ta maison m'a dévoré. (1) »

Jugeant tout avec le même esprit sévère, et croyant que tout ce qui s'éloigne de l'austérité est indigne de la majesté divine, il approuvait seulement le chant simple dans les églises. « Façon très saincte et utile, dit-il dans l'*Institution chrétienne,* comme au contraire les chants et mélodies qui sont composés au plaisir des oreilles seulement, comme sont tous les fringots et les fredons de la papisterie, et tout ce qu'ils appellent musique rompue et chose faite, et chants à quatre parties, ne conviennent nullement à la majesté de l'Église et ne peut se faire qu'ils ne déplaisent grandement à Dieu. (2) »

Dans les *Etudes littéraires* sur les écrivains français de la Réformation, M. Sayous a donné de main de maître les traits les plus saillants du grand réformateur, que M. Guizot n'a pas craint d'appeler « l'un des héros de l'espèce humaine. (3) »

Nous nous permettrons d'extraire quelques

---

(1) Jean, II, 17.
(2) *Institution chrétienne,* ch. XV, 26.
(3) *Notice sur Calvin.*

passages de cet ouvrage qui, tout en étudiant principalement le côté littéraire de la Réforme, peint admirablement aussi le caractère de ses écrivains.

« Calvin, dit M. Sayous, était doué d'une
« de ces puissantes intelligences, maîtresses
« dès l'abord de tout ce qu'elles sentent, et
« qui feraient du même être, suivant le
« théâtre où le placerait la Providence, un
« homme à découvrir un nouveau monde
« sur la terre ou dans les espaces, un fonda-
« teur d'empire ou un gagneur de batailles. Il
« a laissé l'empreinte ineffaçable de son intel-
« ligence sur la constitution religieuse, mo-
« rale, politique, civile de la République
« genevoise; au milieu des tempêtes sans
« cesse renaissantes du seizième siècle, il est
« le pilote auquel tous regardent dans le
« petit vaisseau. (1) »

« C'était bien moins, dit plus loin le même
« auteur, l'amour-propre révolté qui rendait
« Calvin si dur et si violent contre ses adver-
« saires, que l'impatience qui s'emparait de
« lui en voyant des obstacles s'élever contre

---

(1) *Et. litt.*, par M. Sayous, t. I, 91.

« l'établissement d'une doctrine, pour lui si
« frappante de lumière; il s'indignait de tout
« ce qui l'arrêtait dans sa marche vers le but
« où il tenait ses regards constamment fixés.
« Calvin fut intolérant, d'une intolérance im-
« pitoyable; il n'y a pas à l'en défendre. C'est
« là un fait incontestable, mais qu'il faut
« juger avec précaution. Triste spectacle
« sans doute, qui s'est reproduit dans tous
« les âges de l'histoire humaine, que cette
« lutte des passions mauvaises; mais spec-
« tacle qui a sa grandeur et se relève par
« l'importance du dénouement. On peut en
« dire autant de cette haine amère, de ce mé-
« pris sans bornes contre l'Eglise romaine,
« qu'il fit partager à ses sectateurs; car ces
« deux sentiments qu'il exalta jusqu'à la pas-
« sion dans l'âme des réformés, furent ses
« auxiliaires les plus puissants. Quand on
« voit ce qu'un seul homme a pu créer avec
« de pareils moyens : une forme religieuse
« établie à travers mille périls et malgré des
« armées levées contre elle; une Eglise for-
« mée de toutes pièces, et qui surgit, forte
« de sa mâle jeunesse, du sein d'une petite
« cité à peine comptée parmi les nations; des

« mœurs changées jusque dans leurs pro-
« fondes racines ; des peuples régénérés qui
« appellent leurs vertus en témoignage de
« leur foi, on se sent saisi d'un mouvement
« irrésistible d'admiration pour les hommes
« qui ont accompli de si grandes choses, et
« on leur demande involontairement un
« compte moins sévère de ce qui s'est mêlé
« de passions humaines parmi les mobiles
« qu'ils ont mis en jeu. »

Joignons à ces réflexions si justes et si bien exprimées quelques lignes prises dans les lettres de Calvin même ; nous y trouverons les côtés les plus anguleux de son caractère, en même temps que les vertus et la charité de son cœur.

Ainsi, après l'assassinat du duc de Guise, il écrivit à la duchesse de Ferrare, qui se plaignait à lui de la joie inconvenante que les protestants avaient témoignée à la mort de leur persécuteur :

« Et de moi, combien que j'aie toujours
« prié Dieu de lui faire merci, si est ce que
« j'ai souvent désiré que Dieu mit la main
« sur lui pour en délivrer son Église, s'il ne
« le voulait convertir. Tant y a que je puis

« protester qu'il n'a tenu qu'à moi que devant
« la guerre, gens de fait et d'exécution ne se
« soient forcés de l'exterminer du monde,
« lesquels ont été retenus par ma seule
« exhortation. Cependant, de le damner, c'est
« aller trop avant, sinon qu'on eût certaine
« marque et infaillible de sa réprobation : en
« quoi il faut bien se garder de présomption
« et témérité, car il n'y a qu'un Juge devant
« le siége duquel nous aurons tous à rendre
« compte. (1) »

Et pour confirmer la réalité de ces sentiments et la véracité de ce qu'il avance, lisons quelques lignes des conseils donnés par Calvin aux Églises de France :

« J'ai entendu, leur écrit-il, que plusieurs
« se délibèrent, si on les vient outrager, de
« résister plutôt à telle violence que de se
« laisser brigander. Je vous prie, très chers
« frères, de vous déporter de tels conseils,
« lesquels ne seront jamais bénis de Dieu,
« pour venir à bonne issue, puisqu'il ne les
« approuve point. Je vois bien quelle per-
« plexité vous presse ; mais ce n'est point

---

(1) Lettres françaises manuscrites. Bibl. de Genève.

« à moi, ni à créature vivante, de vous dis-
« penser contre ce qui vous est commandé
« de Dieu. Quand vous serez affligés, n'ayant
« rien attenté contre votre devoir, cette con-
« solation ne pourra vous faillir, que Dieu
« vous regardera toujours en pitié pour vous
« secourir en quelque façon que ce soit.
« Mais si vous essayez plus qu'il ne vous est
« licite, outre ce que vous serez frustrés
« de votre attente, il vous sera un remords
« trop dur de sentir que Dieu vous est con-
« traire, d'autant que, par témérité, vous
« aurez transgressé les bornes de sa Pa-
« role (1). »

J'emprunte ces remarquables citations à l'excellent travail de M. Sayous, et je lui emprunterai également les réflexions courtes, sages et impartiales qu'il fait à propos du jugement et de l'exécution de Michel Servet, dont la mort a toujours été l'arme la plus puissante entre les mains des ennemis de Calvin, non seulement pour l'accuser, mais aussi pour justifier les cruautés commises en France envers les protestants.

(1) Adressés probablement à l'Église de Paris, le 19 avril 1556. Sayous.

En peu de mots, j'exposerai que Michel Servet, médecin, Espagnol de naissance, avait publié divers ouvrages tendant à détruire les croyances qui font la base du christianisme, telles que la Trinité, la divinité de Jésus-Christ. Mis dans les prisons de Vienne, en Dauphiné, par les ordres de Matthieu Ory, inquisiteur, envoyé de Rome au cardinal de Tournon pour veiller sur les hérétiques, Servet eut le bonheur de s'évader et d'échapper au bûcher qu'Ory voulait faire allumer pour lui. Sa condamnation néanmoins fut prononcée. Il se réfugia à Genève, et il y fut également incarcéré, puis condamné et brûlé.

Voici l'opinion de M. Sayous sur ce triste jugement, que l'on voudrait faire disparaître de l'histoire si pure de la Réformation, et dans les récits duquel on a grossi à dessein la part que prit Calvin pour y trouver l'apparence d'une vengeance personnelle :

« Les catholiques, dit-il, accusaient le ré-
« formateur genevois d'hérésie, et allaient
« jusqu'à le représenter aux peuples comme
« un athée hypocrite qui marchait sourde-
« ment à ses fins. Ces insinuations le blessè-
« rent douloureusement, et il voyait quel

« mal pouvait faire à ses Églises une calom-
« nie qui, dans l'opinion irréfléchie de la
« multitude, s'appuierait aisément de preu-
« ves spécieuses et faciles à saisir. Parmi les
« vérités essentielles qui, selon la foi catho-
« lique, constituent le dogme chrétien, le
« mystère de la Trinité avait été, entre au-
« tres, particulièrement retenu par le calvi-
« nisme ; et cependant quelques docteurs,
« qui se déclaraient de la famille réformée,
« commençaient à prêcher des principes des-
« tructeurs de cette croyance, également
« importante aux deux communions.

« Calvin n'était pas seul ému des périls que
« faisait courir à sa cause l'hérésie de ces
« docteurs. Ses compagnons de travail, les
« pasteurs influents de toutes les Églises
« établies en Suisse, partageaient ses alarmes.
« Ils avaient, dit le seigneur de Tavannes,
« fait un trou à la haie de la vigne du Sei-
« gneur, par où l'hérésie entrait à son tour.
« Ils le sentaient chaque jour plus vivement,
« et tous, jusqu'aux plus doux, se réjouirent
« lorsque Genève eut fermé la brèche avec le
« bûcher de Michel Servet.....

« Mon impression personnelle, s'il m'est

« permis d'en parler, se réduit à ceci : le
« supplice de Servet ne fut pas une ven-
« geance; Calvin était réellement au-dessus
« de ces colères égoïstes; mais l'intérêt de
« son Église l'aveugla sur le mérite de son
« action, et il crut accomplir un saint devoir
« en requérant le châtiment d'un homme
« qui, aux yeux de toute la Réforme, était
« un horrible blasphémateur menaçant de
« ruine le temple de Jésus-Christ. Jamais il
« n'en éprouva de remords. Son aveugle-
« ment ne l'absout pas; mais il faut dire,
« avec Sénebier, qu'il était alors celui de
« toutes les têtes, de toutes les sectes, l'es-
« prit de la jurisprudence du temps et de
« l'administration publique. (1) »

Le dernier trait qui complétera ce portrait du réformateur de Genève sera un coup-d'œil jeté sur sa prodigieuse activité, qui peut être donnée en exemple à tous les pasteurs. MM. Haag font cette sage remarque qu'elle servit grandement au clergé catholique et le sortit de cette apathie dans laquelle, au sei-

(1. Sayous, Études, vol. I", p. 106.

zième siècle, il s'était assoupi. C'est ce que Castelnau dit dans ses *Mémoires* :

« Les évêques et docteurs théologiens,
« curés et autres pasteurs catholiques com-
« mencèrent à penser en ces nouveaux pres-
« cheurs, si désireux et ardents d'avancer
« leur religion, et dès lors prirent plus de
« soin de veiller sur leur troupeau et au de-
« voir de leurs charges, et aucuns à estudier
« ès sainctes Lettres à l'envy des ministres
« protestants, qui attiroient les peuples de
« toutes parts ; et craignant que lesdits mi-
« nistres n'eussent l'avantage sur eux par
« leurs presches, et par iceux attirassent les
« catholiques, ils commencèrent aussi à pres-
« cher plus souvent que de coutume. »

C'est donc, ajoutent MM. Haag, à la Réforme que l'Église gallicane doit son dix-septième siècle, dont elle est fière à si juste titre ; elle s'est montrée peu reconnaissante.

Outre les immenses occupations de correspondance avec les Églises françaises, d'organisation, de renseignements à leur envoyer, d'études littéraires, de controverse religieuse, qui formaient la partie extraordinaire de ses occupations journalières, son travail régulier

seul paraîtrait de nos jours impossible à un seul homme. De Bèze nous en donne une idée : « Outre ce qu'il preschait tous les jours
« de sepmaine en sepmaine, le plus souvent
« et tant qu'il a peu il a presché tous les di-
« manches; il lisait trois fois la sepmaine en
« théologie; il faisait les remontrances au
« consistoire et comme une leçon entière tous
« les vendredis en la conférence de l'Écriture
« que nous appelons congrégation, et a telle-
« ment continué ce train sans interruption
« jusqu'à la mort, que jamais il n'y a failli
« une seule fois, si ce n'a esté en extrême
« maladie; et ce qui rend ces labeurs plus
« admirables, c'est qu'il avoit un corps si
« débile de nature, tant atténué de veilles et
« de sobriété par trop grande, et qui plus est
« subjet à tant de maladies, que tout homme
« qui le voyait n'eust pu penser qu'il eust
« pu vivre tant soit peu. » En dix années et demie, il prononça en chaire deux mille vingt-cinq sermons, et ce qui nous donne une idée de la valeur de ces immenses travaux, c'est l'assiduité de ses auditeurs partout où sa parole pouvait être entendue. Ses leçons de théologie n'attiraient journellement pas moins

d'un millier d'auditeurs, et cet homme si sévère, que Bossuet appelle « un génie triste, » avait à ce qu'il paraît un attrait auquel ne pouvaient se soustraire ceux qui l'approchaient. Cet homme, si dur en apparence lorsqu'il s'agissait de soumettre les hommes aux lois divines, était dans l'intimité bienveillant, indulgent et aimable ; si de Bèze, Farel, Viret, trouvaient auprès de lui l'amitié, la consolation, l'affection du cœur, Calvin n'était point impitoyable, insensible, comme on s'est plu à le représenter. Le meilleur témoignage et le plus irrécusable à cet égard vient d'être mis sous les yeux du public ; c'est sa longue correspondance qu'a publié M. Jules Bonnet. Quand on a parcouru cette série de lettres, dans lesquelles il a ouvert son cœur et laissé lire à nu ses pensées, on sait ce qu'était ce redoutable Calvin.

Il prêcha pour la dernière fois le 6 février 1564, et ses forces défaillirent avant la fin du sermon ; il était épuisé. Le Conseil ordonna des prières publiques ; et comme il voulait, malgré son extrême faiblesse, sortir de son lit pour aller au petit conseil : « Les bons « seigneurs, dit de Bèze, lui firent response

« qu'à cause de sa débilité et indisposition si
« grande, ils le prioient bien fort de ne pren-
« dre point ceste peine ; mais qu'eux mesmes
« tous ensemble l'iroyent voir; ce qu'ils firent
« aussi le jeudi matin, partans de leur cham-
« bre du conseil et allans, selon leur ordre
« accoustumé, jusques en son logis; il leur
« parla avec calme et sagesse, leur recom-
« manda la fidélité aux doctrines qu'il avait
« preschées, et l'union. » Le lendemain, les
pasteurs vinrent de la campagne et de la ville
recevoir ses touchants adieux, et il expira le
27 mai 1564. La place où son corps repose
n'a pas même une modeste pierre qui puisse
le rappeler au voyageur.

Son bien, qu'il distribua par testament
entre ses parents et les pauvres, se montait,
tant en livres que meubles, vaisselle ou argent,
à deux cent vingt-cinq écus; et si l'on s'étonne
de cette misère de l'homme qui avait dirigé
Genève et une partie de la France, on la com-
prendra lorsqu'on saura que son traitement
comme ministre et professeur n'était que de
cinq cents florins (de 50 centimes), du blé et
du vin ; c'est ce qu'en province on donne aujourd'hui à une cuisinière. Dans sa dernière

maladie, il refusa ses émoluments, disant « que ne rendant pas de services, il faisait « conscience de recevoir ses gages. » Et ainsi s'en alla-t-il rejoindre Celui dont il est dit : « Car vous savez quelle a été la charité de « notre Seigneur Jésus-Christ, qui étant riche « s'est fait pauvre pour vous, afin que par sa « pauvreté vous fussiez rendus riches. » (II Cor., VIII, 9.)

Que l'on veuille bien me permettre, en terminant cette grande vie, une courte réflexion.

Me défiant de mon propre jugement, j'ai laissé à un autre le soin d'apprécier la conduite de Calvin dans la triste affaire de Servet, et je me suis borné à choisir l'opinion qui m'a semblé la plus impartiale et la plus conforme à la vérité.

Je ferai seulement remarquer combien l'exemple de l'erreur dans laquelle est tombé cet homme, si soumis à la Parole de Dieu, doit éteindre en nous tout sentiment de haine, doit nous défendre tout jugement sévère sur le passé, dont je suis obligé d'exposer les misères. Si les hommes qui poussaient l'obéissance à l'Évangile au point de mourir pour le suivre, ont une fois commis la faute dont leurs adversaires furent si prodigues, ne nous étonnons plus et humilions-nous en pardonnant. Ne jugeons point ce terrible passé d'après les progrès qu'a fait la société depuis qu'elle est revenue à l'étude de la sainte Parole ; et puisque nos pères, malgré leur foi, leur désir et leur dévouement, n'ont pu comprendre entièrement l'Évangile de paix, enseignons à nos enfants à se pénétrer tellement de ses doctrines et de son esprit, que le pardon leur devienne un bonheur, et l'amour de leurs ennemis une habitude.

XIII

ESPRIT POLITIQUE DE LA RÉFORME.

La Réforme, en enlevant au clergé le privilége qu'il s'était attribué de la connaissance et de l'usage des choses saintes, a rendu la religion à chaque individu, avec le sentiment personnel de la conscience de ses devoirs et de ses rapports avec Dieu. Plus d'intermédiaire, et surtout plus d'intermédiaire payé, vendant, sous un nom ou sous un autre, le salut et la grâce du Seigneur. La Réforme, en même temps, redonnant à la religion son vrai caractère, son éternité, sa sainteté, son élévation au-dessus des intérêts de ce monde, l'a séparée du domaine terrestre ; et distinguant ce qui est à Dieu de ce qui est à César, a reconnu l'indépendance du gouvernement temporel, qu'elle a délivré des prétentions cléricales et de la domination que le gouvernement papal a tant de fois essayé d'établir sur les souverains. Le domaine de la conscience a été réservé et n'a plus relevé que de Dieu. Celui de l'obéissance aux lois du pays, au gouvernement établi s'est agrandi du moment que l'ambition et l'intérêt humain ont été chassés du domaine de la foi qu'ils avaient audacieusement envahi ; et si les rois de France, au lieu d'écouter des voix intéressées et calomniatrices, avaient voulu accorder aux protestants cette unique et simple justice d'une place au soleil, et ce droit imprescriptible de la conscience, si solennellement reconnu par Napoléon Ier, ils n'eussent point eu de plus fidèles sujets.

Nous lisons effectivement dans la remontrance adressée par les réformés au roi Henri II, ces sages et véridiques paroles que le temps a confirmées :

« De nostre temps les feux rois d'Angle-
« terre et les princes d'Allemagne ont-ils été

« contraints en repurgeant leurs supersti-
« tions, que la malice des temps avait ap-
« portées, d'abandonner leurs royaumes et
« principautés? Chacun voit le contraire et
« quel honneur, obéissance et fidélité por-
« tent à leurs princes et supérieurs les peu-
« ples qui ont reçu la Réformation de l'Évan-
« gile de nostre temps. Voire je puis dire
« que les princes ne savoyent auparavant
« que c'estait d'estre obéis, lorsque le peuple
« rude et grossier recevait aisément les dis-
« penses du pape pour chasser leurs princes
« et seigneurs naturels.

« Avez-vous aperceu qu'aucun de ceux
« qu'on appelle luthériens ait tendu à trou-
« ble ne à sédition quelques cruels supplices
« qu'on leur ait fait souffrir? J'en appelle sur
« ce en témoin M. le mareschal de Brissac,
« s'il a trouvé peuple plus obéissant en
« Piedmont que ceux de la vallée d'Angron-
« gne et autres. Et s'il leur a baillée charge
« tant dure qu'ils ne l'aient portée sans mur-
« murer. Que s'ils n'eussent tenu pour cer-
« tain que les rois, princes et magistrats
« sont ordonnés de Dieu, ils n'eussent
« point obéi volontairement, mais contraints

« par force, se fussent portés plus lasche-
« ment. (1) »

Et les pauvres Vaudois de Mérindol, dans la déclaration de leur doctrine qu'ils firent dresser par un notaire et envoyèrent au roi pour se justifier des abominables calomnies à l'aide desquelles on espérait obtenir leur destruction, ne disaient-ils point :

« Touchant les magistrats, comme les princes
« et seigneurs, et toutes gens de justice, nous
« les tenons estre ordonnés de Dieu, et vou-
« lons obéir à leurs lois et constitutions qui
« concernent les biens et corps, auxquels loya-
« lement voulons payer tributs et impôts,
« dîmes, censes, et toute chose qui leur ap-
« partiendra, en leur portant obéissance en
« toutes choses qui ne sont contre Dieu. »

Enfin nous citerons le plus assuré témoignage de la conscience politique des protestants au milieu du seizième siècle, ce qu'ils ont inscrit dans leur Confession de foi, où après avoir reconnu et confessé ce qu'ils devaient à Dieu, ce qu'ils espéraient et attendaient de lui, ils ont voulu aussi consigner ce qu'ils re-

(1) Crespin, *Remonstrances à Henri II*, p. 464.

connaissaient devoir à leurs princes. Voici les deux derniers articles de cette Confession de foi :

« Art. 39. Nous croyons que Dieu veut que le monde soit gouverné par lois et polices, afin qu'il y ait quelques brides pour réprimer les appétis désordonnez du monde. Et ainsi qu'il a establi les royaumes, républiques et toutes autres sortes de principautés, soyent héréditaires ou autrement, et tout ce qui appartient à l'estat de justice, et en veut estre recogneu autheur : à ceste cause a mis le glaive en la main des magistrats pour réprimer les péchés commis non-seulement contre la seconde table des commandements de Dieu, mais aussi contre la première. Il faut doncques, à cause de luy, que non-seulement on endure que les supérieurs dominent, mais aussi qu'on les honore et prise en toute révérence, les tenant pour ses lieutenants et officiers, lesquels il a commis pour exercer une charge légitime et saincte.

« Art. 40. Nous tenons doncques, qu'il faut obéir à leurs loix et statuts, payer tributs, imposts, et autres devoirs, et porter le joug de subjection d'une bonne et franche volonté, encore qu'ils fussent infidèles, moyennant que l'empire souverain de Dieu demeure en son entier. Par ainsi nous détestons ceux qui voudroyent rejetter les supériorités, mettre communauté et confusion de biens, et renverser l'ordre de justice. »

XIV

PREMIER ÉTABLISSEMENT DES ÉGLISES.

Dans les dernières années du règne de François Ier nous trouvons que, malgré les dangers et les persécutions, les réformés gagnaient partout du terrain : l'esprit évangélique se répandait de tous côtés en France, et les réfugiés de Bâle, de Genève et de Neuchâtel envoyaient constamment aux persécutés des secours et des renforts spirituels.

Ainsi nous avons vu Calvin, forcé de fuir du Poitou, y charger ses plus fidèles disciples d'y continuer l'évangélisation. Arrivé à Genève, il y appela Jean Vernon, Albert Babinot et Philippe Véron, qui, instruits, édifiés et fortifiés par ses conseils, revinrent dans leur province prendre la périlleuse charge qui leur était confiée, et dont ils s'acquittèrent avec fidélité.

Bientôt toute cette partie de la France, le Poitou, l'Angoumois, la Saintonge et l'Aunis, se couvrit d'Églises dévouées à la cause de la Réformation. Beaucoup de prêtres l'embrassèrent, et à leur tête nous remarquons l'évêque d'Uzès, Jean de Saint-Gelais, qui montait en chaire et prêchait au peuple l'Évangile.

En revanche, l'évêque de Poitiers combattait ce mouvement de tous ses efforts, et répondait aux arguments pris dans les saints Livres par l'argument plus certain à ses yeux du bûcher.

Il se défiait même tellement de son clergé et de ses tendances vers la Réforme, qu'il fit publier des lettres du roi défendant à tout *religieux* ou *clerc* de prêcher sans avoir été examiné et autorisé par lui ou par ses vicaires.

C'est à cette époque que se rapporte le massacre déjà raconté des populations vaudoises, massacre commandé et exécuté dans l'espoir de frapper d'effroi tous ceux qui seraient tentés de se séparer de l'Église romaine. Si l'on compare les moyens employés des deux côtés, on jugera quelle cause Dieu protégea : d'une part, la force, la puissance, la richesse, tout le haut clergé, tous les moines, tous les hommes d'ambition, l'or, les armes et les supplices; de l'autre, des hommes pauvres, ne pouvant offrir que la Parole de Dieu, et n'ayant à donner que la perspective de la persécution, de la ruine et du bûcher. Malgré l'inégalité des deux camps, celui qui s'appuyait sur le bras du Christ a triomphé.

Un historien catholique, un jésuite, le P. Maimbourg, intéressé à atténuer cet effroyable acte qui flétrirait les peuples les plus barbares, porte à 3,600 le nombre des victimes égorgées de sang-froid, et à 900 celui des habitations détruites; les arbres même furent arrachés, et le pays resta désert; mais les historiens ne disent point qu'un homme ait été faible, ait abandonné la cause qui le faisait proscrire. C'est ainsi que Dieu protégea ces pauvres Vaudois; c'est ainsi que le Seigneur les soutint et les consola.

L'Éternel ne délivre pas par l'épée, disait David, la vraie délivrance est en lui, est près de lui.

Mais cette fois encore l'attente inique des hommes fut trompée, et ce massacre fit horreur. Une fois entré dans une telle voie, il fallait continuer ou s'avouer vaincu; on continua donc à porter partout le feu du bûcher pour faire disparaître de la terre cet esprit qui s'étendait de plus en plus.

Les récits que des historiens fidèles nous ont conservés de ces temps sont remplis d'anecdotes qui témoignent surtout de la paix, de la douceur et de la tranquillité d'âme des hommes qui avaient goûté l'Évangile. Aucun esprit de révolte, aucune amertume ne se fait sentir à leur fin, et ces tristes moments sont même parfois empreints d'une sorte de gaîté douce et ironique, sans être injurieuse.

Ainsi, l'on avait pris à Langres un pauvre homme que l'on avait trouvé priant en cachette avec quatre amis. Suivant la justice de ces temps, on les avait conduits à Paris, et là le bonhomme Séraphin, comme l'appelle Crespin, fut condamné au feu avec ses complices. Un docteur de Sorbonne, nommé Picard, qui

avait charge d'exhorter sur le bûcher les malheureux condamnés, et qui, d'ordinaire, y employait plus d'invectives que d'arguments, fut troublé du calme extraordinaire de ces cinq infortunés, et, contrairement à son habitude, les exhorta doucement à la patience; sur quoi l'un d'eux, « avec un visage riant,
« dit Théodore de Bèze, lui dit ces mots si
« haut qu'ils furent entendus aisément :

« Monsieur nostre maître, loué soit Dieu que
« vous changez de langage ; mais si vous estiez
« en ma place, oseriez-vous vous vanter d'a-
« voir si bonne patience que Dieu me donne ? »

La seule chose que purent gagner les ennemis de la Réforme, fut de contraindre les plus connus et les plus actifs parmi les nouveaux ministres de la Parole de Dieu, à quitter la France et à se réfugier à Genève, à Bâle, à Strasbourg.

Nous citerons dans le nombre quelques-uns, je ne dirai pas des plus dévoués, tous le furent également, mais des plus célèbres, soit par l'importance de leurs travaux, soit par leur mort.

Ainsi Augustin Marlorat, natif de Lorraine, d'abord moine, puis converti à l'Evangile,

éloquent prédicateur qui appela au Seigneur les populations de Bourges, de Poitiers et d'Angers, fut obligé de fuir. Il se retira à Genève, où destitué de tout, ayant abandonné la vie commode des cloîtres et l'existence opulente que ses talents lui promettaient dans l'Eglise romaine, il vécut en se faisant correcteur d'imprimerie. Il fut choisi pour être pasteur de l'Eglise de Vevay, dans le canton de Vaud ; puis l'Eglise de Genève l'envoya en France, où sans cesse elle adressait aux Églises des pasteurs, la plupart du temps voués au martyre. Ministre de l'Eglise de Rouen, son éloquence et sa foi attirèrent à l'Evangile la grande majorité des habitants. Il fut ensuite un des glorieux défenseurs de la religion réformée au Colloque de Poissy. De retour à Rouen, après la fin de cette assemblée, il y fut pris lorsque le connétable de Montmorency s'empara de cette ville, et conduit en prison, où le connétable, l'allant voir le lendemain, lui reprocha d'être un séducteur du peuple et un séditieux. « Au con-
« traire, lui répondit-il, je m'en rapporte à
« tous ceux de la ville, de l'une et l'autre re-
« ligion, si je me suis meslé des affaires poli-

« tiques, ou si j'ai tenu aucun propos sédi-
« tieux ou si j'ai enseigné autre chose que
« la pure Parole de Dieu. » Protestation qui
ne l'empêcha point d'être condamné à mort.

Antoine de Chandieu se réfugia également
à Genève. La part qu'il prit au Synode de
1559, que nous célébrons par un Jubilé, rend
son nom des plus intéressants pour nous. Il
fut de bonne heure appelé à l'Évangile. Calvin et de Bèze contribuèrent à l'instruire, et
à l'âge de vingt ans, sous la direction de
François de Morel, il avait fait de si rapides
progrès en théologie qu'il obtint la distinction
d'être reçu pasteur de l'Eglise de Paris. En
1557, un écrit qu'il publia pour justifier les
réformés des infâmes calomnies répandues
contre eux, le fit jeter en prison, d'où il fut
tiré par l'intervention d'Antoine de Bourbon.
Ne pouvant rester à Paris ensuite, il fut envoyé en mission à Poitiers, et c'est là qu'il fit
naître le projet de réunir toutes les Églises en
une Assemblée générale ou Synode, pour
établir entre elles une confession de foi et
une discipline communes. Il rendit à la religion réformée le grand service de proposer
et de faire réussir cet acte d'union, et le Sy-

node eut effectivement lieu du 26 au 28 mai
1559. Quelques historiens croient qu'il y assista, d'autres en doutent. Bien des renseignements intéressants à connaître nous manquent sur Chandieu, comme sur tant d'autres hommes fidèles. Nous savons qu'il présida, en 1562, en qualité de modérateur, le troisième Synode tenu à Orléans. « Tous les suf-
« frages, dit de Thou, se réunirent en faveur
« de Chandieu, ministre de l'Église de Paris,
« jeune homme distingué par sa naissance,
« en qui la noblesse, les grâces, la bonne
« mine, la science et l'éloquence disputaient
« avec sa rare modestie, à qui le rendrait le
« plus recommandable. » En 1564, il présida un Synode provincial à la Ferté-sous-Jouarre. Héritier d'une grande fortune, sa vie était simple et modeste ; son zèle infatigable le faisait partager son temps et ses soins entre toutes les Églises du Lyonnais et de la Bourgogne, et malgré tous les périls que son dévouement lui suscitait, il servit fidèlement la cause du Christ jusqu'à la Saint-Barthélemy. Il eut, dans ces tristes jours, le bonheur de gagner Genève avec toute sa famille et vingt autres ministres ; il y remplit les fonctions de

pasteur jusqu'en 1587. Appelé par Henri de Navarre, il passa quelque temps près de lui, puis revint à sa patrie d'adoption, à cette Genève, qui recevait alors tous les exilés, et c'est là qu'il termina cette vie si agitée, si bien remplie, non moins bien employée, laissant de nombreux écrits et une réputation de piété et de désintéressement, de douceur, de modestie et de courage, que nulle tache ne vient altérer.

Il est enfin, parmi les réfugiés de cette époque, un nom illustre que nous ne saurions oublier : celui de Théodore de Bèze, l'auteur de *l'Histoire ecclésiastique des Églises réformées de France*, leur éloquent défenseur au Colloque de Poissy, le plus célèbre de nos réformateurs après Calvin. Il dut à Melchior Wolmar, célèbre professeur à Orléans, les principes solides qu'il professa pendant toute sa longue vie. On a fait justice depuis longtemps des basses calomnies dont on avait voulu salir son histoire. La pureté de sa vie entière l'a mieux défendu à cet égard que ses plus habiles défenseurs. Cependant je renverrai ceux qui désireraient connaître tous les détails de sa jeunesse au travail consciencieux de M. Sayous (1). Réfugié à Genève en 1548, il y prit la part la plus active aux travaux de Calvin, de Farel, et de tous les zélés réfugiés qu'y avait envoyé la France. Il fut souvent chargé de plus importantes missions, et sa grande éloquence, jointe à son savoir, le fit choisir, sur la demande d'Antoine de Bourbon, de Condé et de Coligny, pour soutenir la foi évangélique au Colloque de Poissy.

C'est là qu'en présence de la reine Catherine de Médicis, de son jeune fils Charles IX, du cardinal de Lorraine et de cinquante-deux prélats, revêtus de leurs riches et éclatants vêtements ecclésiastiques, de Bèze s'avança à la tête des ministres protestants, vêtus de leurs simples robes noires, et, s'agenouillant, la tête nue, à la place qui leur avait été ménagée à la barre, comme s'ils eussent été des criminels, il prononça cette admirable prière que nous répétons dans toutes nos Églises au commencement du service, la Confession des péchés, qui produisit sur cette cour irréligieuse une profonde impression. Quelque connue qu'elle soit par tous les

---

(1) Sayous, *Histoire littéraire*.

protestants, je crois intéressant de la donner ici dans sa forme originale, plus énergique et plus naïve à la fois que ce que nous répétons dans le langage moderne plus poli, mais affaibli :

« Étant les ministres au nombre de douze, « avec vingt-deux députés des Églises des « provinces, qui les assistaient, appelés et « introduits par le duc de Guise, qui avait « cette charge, avec le sieur de la Ferté, ca- « pitaine des gardes, qui les conduisirent « jusqu'aux barrières, sur lesquelles étant « appuyés, têtes nues, Théodore de Bèze, « esleu par tous les autres pour ce faire, « parla à la manière qui s'ensuit :

« Sire, puisque l'issue de toutes entre- « prises, et grandes et petites, dépend de « l'assistance et faveur de nostre Dieu, et « principalement quand il est question de ce « qui appartient à son service et qui sur- « passe la capacité de nos entendements, « nous espérons que Vostre Majesté ne trou- « vera mauvais ni estrange si nous commen- « çons par l'invocation du nom d'iceluy, le « supplians en cette façon :

« Seigneur Dieu, Père éternel et tout-

« puissant, nous confessons et recognoissons
« devant Ta sainte Majesté que nous sommes
« pauvres et misérables pécheurs, conçus et
« nés en iniquités et corruption, enclins à
« mal faire, inutiles à tout bien, et que de
« nostre vice nous transgressons sans fin et
« sans cesse tes saincts commandements :
« en quoi faisant, nous acquérons par ton
« juste jugement ruine et perdition sur
« nous. »

« Toutefois, Seigneur, nous avons desplai-
« sir en nous-mesmes de t'avoir offensé, et
« condamnons nous et nos vices avec une
« vraye repentance, désirant que ta grâce
« subvienne à nostre calamité. Vueilles donc-
« ques avoir pitié de nous, ô Dieu et Père
« très benin et plein de miséricorde, au nom
« de ton Fils, Jésus-Christ nostre Seigneur
« et seul Rédempteur, et, en effaçant nos
« vices et macules, eslargis-nous, et nous
« augmente de jour en jour les grâces de
« ton Sainct-Esprit, afin que, recognoissant
« de tout nostre cœur nostre injustice, nous
« soyons touchés de desplaisir qui engendre
« droite pénitence en nous, laquelle, nous
« mortifiant à tous péchés, produise fruits

« de justice et innocence qui te soient agréa-
« bles par iceluy Jésus-Christ, nostre Sei-
« gneur et seul Sauveur (1). »

L'unique résultat du Colloque fut de faire connaître la foi des réformés et de faire tomber les accusations calomnieuses répandues à profusion contre leurs mœurs et leurs principes. Les courageux compagnons de de Bèze, en cette occasion, furent les ministres Pierre Martyr, Marlorat, de Rouen; Jean le Maçon, François de Saint-Paul, de Dieppe; Merlin-Malot, La Vallée, d'Orléans; Boquin, Virel, des Gallars; Barbastre, Pérussel, auxquels se joignirent volontairement François de Morel, de l'Espine et J. de la Tour.

Une partie de la vie de de Bèze fut dépensée dans les terribles et dangereuses luttes que la Réforme dut supporter en France, et son courage ne lui fit jamais défaut. Il suivit le prince de Condé jusque sur le champ de bataille de Dreux, et comme on lui reprochait d'avoir, ministre de paix, pris part à ces scènes de sang, il répondit noblement: « J'ai
« été au combat, du commencement à la fin;

---

(1) De Bèze, vol. 1, p. 503.

« j'y étais en manteau, non en armes; et
« personne ne me reprochera, en vérité, ni
« la fuite, ni le meurtre de qui que ce soit. »

Plus tard il se retira à Genève et fut nommé, après la mort de Calvin, président du corps des pasteurs. Après la terrible Saint-Barthélemy, il ouvrit ses bras, sa bourse et sa demeure aux malheureux qui fuyaient de tous les points de la France; il fit fonder un hospice pour recevoir les plus pauvres, et donna des consolations à tous.

En 1586, âgé déjà de soixante-sept ans, il fit un long voyage en Allemagne pour exhorter les princes et les peuples à tâcher de faire cesser l'oppression sous laquelle gémissaient les protestants de France, leurs frères en croyances religieuses.

Sa grande éloquence, l'autorité de son âge et de sa vie dévouée, entraînèrent partout ses auditeurs; et sa mission fut couronnée de succès.

A son retour à Genève, il donna une dernière preuve de sa générosité désintéressée. Trouvant la République dans une gêne extrême, avec un trésor épuisé, obligée de congédier les professeurs de l'Académie; de

Bèze, pour empêcher la ruine des études, se chargea gratuitement, malgré son grand âge, de faire tous les cours, sans vouloir néanmoins se décharger des autres devoirs que lui imposait la haute place qu'il occupait dans l'Eglise, place qu'il remplit pendant plus de dix années encore.

Il travailla ainsi pour le Seigneur jusqu'à son dernier jour, et termina à quatre-vingt-six ans sa longue et belle vie, « aussi sain
« d'esprit, dit Diodati, qu'il eût jamais été,
« faisant les plus belles prières à Dieu et
« à nous tous qu'il eust jamais faites, et
« passa de ce siècle en celui des bienheureux
« sans aucune apparence de regret, de peine
« ni de douleur. »

Le dernier des réfugiés que je nommerai en ce moment est Jean Crespin, avocat, ami intime de Théodore de Bèze et son compagnon de fuite à Genève ; il y fonda une imprimerie, qui bientôt acquit une grande réputation par la correction et la beauté des éditions qu'il publia. Ce qui nous rend sa mémoire précieuse, c'est le grand ouvrage dont il est auteur, l'histoire des martyrs persécutés et mis à mort pour la vérité de l'Évangile. Puisque les ennenis du protestantisme ont cherché à inspirer les doutes sur l'authenticité des récits de Crespin, nous citerons, pour le justifier, l'opinion importante de MM. Haag, dans leur excellent livre de *la France protestante.*

« Ses récits sont pleinement confirmés, non-seulement par les historiens protestants, comme de Bèze, la Popelinière, les mémoires de Charles IX, d'Aubigné, mais par de Thou, et ce qui est une preuve plus convaincante de sa sincérité, par toutes les pièces manuscrites que nous et d'autres avons trouvées dans les bibliothèques. Lafaye a donc eu raison de dire dans sa vie de Bèze, que Crespin avait composé son ouvrage avec le plus grand soin, un travail incroyable et une peine extrême (1). »

Ce martyrologe de Crespin, si rare aujourd'hui, est effectivement un trésor pour tous ceux qui s'occupent de notre histoire. Non-seulement il a raconté avec fidélité les derniers moments du plus grand nombre de nos confesseurs, mais il a donné encore une foule de documents du plus haut intérêt. Son con-

---

(1) Haag, *France protestante,* art. Crespin.

tinuateur, Goulard, l'a suivi dans sa tâche, e
nous devons une profonde reconnaissance à
ces pieux et naïfs écrivains qui nous peignen
si vivement nos premières Églises et leur:
premiers défenseurs.

XV

RÈGNE DE HENRI II.

A l'avènement de Henri II au trône, en 1547, les persécutions redoublèrent.

Il n'y avait encore aucune Église constituée régulièrement. Nous emprunterons le langage naïf et expressif de Crespin, qui, parlant de ce qu'il a vu, peut nous donner une juste idée de l'état de la Réformation en France à cette époque :

« Il n'y avoit encore proprement aucune
« Église dressée en toutes ses parties, estant
« seulement les fidèles enseignez par la lec-
« ture des bons livres, et selon qu'il plaisoit

« à Dieu de les instruire, quelques fois par
« exhortations particulières, sans qu'il y eût
« administration ordinaire de la Parole ou
« des sacrements, ni Consistoire establi ; ains
« l'un consoloit l'autre, comme faire se pou-
« voit, s'assemblant selon l'opportunité, pour
« faire les prières, sans qu'il y eût propre-
« ment autres prescheurs que les martyrs ;
« hormis quelque petit nombre de moines,
« docteurs et curez, preschant moins impu-
« rement que les autres : tellement qu'il se
« peut dire que jusques alors le champ de
« Christ avoit été seulement semé, et avoit
« fructifié par ci par là ; mais qu'en l'année
« mil cinq cent cinquante-cinq, cinquante-
« six et suyvantes, l'héritage du Seigneur
« commença d'estre rangé et mis par ordre
« à bon escient (1). »

Le roi Henri II, qui avait paru deviner la cruauté naturelle de Catherine de Médicis, e en conséquence avait mêlé aux fêtes du couron nement de cette reine de hideuse mémoire l spectacle du supplice de quatre luthériens rendit, en 1551, le fameux édit de Châteaux

---

(1) Crespin, p. 463.

briand, législation atroce qui, dit l'historien de Félice, « fut copiée par les hommes de la « terreur, mais avec des adoucissements. » Toute personne accusée d'hérésie était justifiable à la fois des tribunaux séculiers et ecclésiastiques, en sorte qu'acquitté par les premiers, l'accusé pouvait être condamné par les autres. Il y avait défense d'intercéder pour eux; les arrêts étaient exécutoires nonobstant appel; le tiers des biens du condamné appartenait au délateur; le roi confisquait les propriétés des fugitifs; enfin, comme si l'on eût voulu donner à perpétuité le cachet de l'iniquité et du crime à ces procédures, toute justice était abolie, tout principe de législation détruit, tout droit renversé.

Il semblait que l'on cherchât, comme au temps des grandes proscriptions romaines, à détruire le peu qui restait de vertu et de morale en France, en introduisant dans la loi la délation comme un principe qui devait remplacer ceux que l'on renversait. Les conséquences en furent affreuses. Tous les jours on dénonçait des malheureux pour s'emparer de leurs biens, et l'hérésie devint le prétexte ordinaire pour dépouiller ceux dont on convoitait la propriété.

Pour comble de honte et de maux, le faible Henri II confirma par un édit la bulle du pape Paul IV, établissant l'Inquisition en France; mais quelque violence que le roi, poussé par le cardinal de Lorraine, la Sorbonne et tous les courtisans avides de dépouilles, essayât de faire au Parlement, il ne put obtenir que cet inique et épouvantable tribunal de sang vînt encore décimer la France. C'est donc à la magistrature française que notre pays a dû d'être préservé de cette plaie ardente qui, pendant tant de siècles, a dévoré l'Espagne, en a fait une terre de ruines et de misère, et n'y a protégé que l'ignorance et la superstition.

Nous avons déjà cité les noms de quelques-uns des principaux fugitifs réfugiés à Genève, et nous avons dit que, forcés d'abandonner leurs biens le jour où ils avaient choisi volontairement la voie du Christ, ils y vivaient dans le besoin et le dénuement. La ville même fut souvent embarrassée pour trouver les moyens de subvenir à leur entretien, et les Mémoires du temps sont remplis de détails curieux et touchants qui montrent à la foi le courage des Français et la charité des Genevois.

Ici, c'est un ministre célèbre, éloquent, qui entraîne après lui les populations, qui fait triompher la Parole de Dieu sur les puissances du siècle, et à qui, de temps à autre, le Conseil de Genève fait donner un habits car la fidélité désintéressée qu'il apporte à l'accomplissement de sa sainte mission ne lui laisse pas le temps de songer à ses propres besoins.

Plus loin on rencontre un Bouchard, vicomte d'Aubeterre, gentilhomme de haute et ancienne noblesse, qui, dépourvu de tout, vit du travail de ses mains, fidèle à Dieu, comme saint Paul le faiseur de tentes. Brantôme, historien catholique, dit de lui dans ses *Mémoires* :

« Il était fugitif à Genève, faiseur de bou-
« tons de son métier, comme était la loi là
« introduite que chacun d'eux eût un métier,
« et en vécut, tel gentilhomme et seigneur
« qu'il était; et ledit Aubeterre, bien qu'il
« fut de bonne maison, était de celui de
« faiseur de boutons; moi, en passant une

« fois à Genève, je l'y vis fort pauvre et mi-
« sérable. »

Brantôme, écrivain railleur, catholique sans grande religion, n'a vu là qu'un homme, pauvre à bon droit, puisqu'il s'est fait huguenot. Nous y voyons, au contraire, un homme qui, de riche qu'il était, s'est fait pauvre volontairement, quand sa conscience le lui a ordonné ; qui, de noble s'est fait ouvrier, parce que la loi volontairement établie parmi les réfugiés le lui a dicté, et il a pu dire avec saint Paul :

« Nous n'avons mangé gratuitement le
« pain de personne ; nous avons été dans la
« fatigue et dans la peine, travaillant nuit et
« jour pour n'être à charge à aucun de
« vous (1). »

C'est toujours avec joie que nous trouvons cette conformité de sentiments, si naturelle au reste, entre les premiers apôtres et les premiers réformateurs ; et les nobles et fières expressions de saint Paul nous apprennent combien nous devons honorer le vicomte d'Aubeterre, pauvre faiseur de boutons.

(1) Thessal., II, c. 3, v. 5.

L'un des plus excellents poètes qu'ait produit la France, Clément Marot, dut aussi se réfugier à Genève pour avoir commis le crime de traduire en français quarante psaumes de David ; et bientôt après lui le célèbre compositeur de musique religieuse, l'homme à qui l'on doit la renaissance de cet art sublime, Claude Goudimel, qui plus tard périt dans le massacre de la Saint-Barthélemy, vint chercher la paix dans la ville de refuge. Là, il fit, à la prière de Calvin, les chants des psaumes traduits par Marot. C'est à Goudimel que revient l'honneur d'avoir relevé la musique sacrée depuis longtemps tombée dans l'avilissement ; les écrivains catholiques eux-mêmes le reconnaissent et le citent comme le plus grand compositeur de son temps ; les poètes qui l'ont connu l'ont célébré, non-seulement pour son génie, mais aussi pour son caractère, sa douceur et sa bonté. Dans une lettre adressée à l'un d'eux, son ami particulier, datée de Lyon le 23 août 1572, il lui explique qu'il a été atteint d'une longue maladie : « cause pour laquelle, dit-il, je n'ai pas encore pu mettre en musique ton Symbole ; mais dès que, avec l'aide de Dieu, je sortirai de mon lit et recouvrerai des forces, je me mettrai à l'œuvre, et j'y épancherai toute mon âme. » Il n'en devait point avoir le temps; deux jours après il était au nombre de ces 1,800 protestants entassés dans les prisons de Lyon, où ils furent égorgés en masse. Ainsi les grands crimes publics retombent en deuil éternel sur les nations. Goudimel, le grand compositeur, mourant au milieu de sa carrière, au moment où il demande des forces à Dieu pour composer la musique du Symbole; Jean Goujon, le grand sculpteur, frappé d'une balle sur son échafaud du Louvre, ce même jour de la Saint-Barthélemy, tandis qu'il travaille pour la gloire de son pays; comme le grand chimiste Lavoisier, périssant en 1793 sans qu'on lui laisse même le court sursis qu'il demande pour consigner une dernière découverte utile à ses concitoyens; et André Chénier, le grand poète, emportant dans la tombe, à la même époque, à la fleur de sa jeunesse, le plus beau talent des temps modernes, voilà de ces pertes irréparables dont le monde entier, pendant les siècles à venir, demandera compte; et quelque pardon que ces nobles victimes, innocentes devant Dieu, innocentes devant la conscience de leurs juges, aient, dans leur agonie, demandé pour leurs bourreaux, la justice, la morale et le sentiment public n'absoudront jamais les auteurs de tels crimes.

Il y avait en France des cœurs généreux qui n'oubliaient point les persécutés. La bonne reine de Navarre, la protectrice des réformés, envoya pour eux à Genève une somme considérable, et son amie, la duchesse de Ferrare, la digne fille de Louis XII, en fit autant. Des contributions volontaires, des souscriptions, comme on dirait aujourd'hui, servirent à former trois fonds pour les réfugiés des trois nations, française, allemande et italienne.

Genève recevait donc et accueillait, comme une mère ferait pour ses enfants, tous ces proscrits de la cause de Dieu; et, en même temps, elle travaillait à former des pasteurs qui rentraient en France et allaient porter la consolation au peuple; des colporteurs zélés qui, dans un rang plus obscur, allaient courir les mêmes dangers, montrer le même dévouement, quittes à tomber ignorés et résignés quand Dieu le permettrait.

Aussi, dans l'histoire de la Réformation française, on est à chaque page ému en considérant que le Seigneur, pour rendre ses leçons plus frappantes, semble prendre à dessein ses plus fidèles serviteurs, tour-à-tour dans les rangs les plus élevés et dans les plus pauvres, et que constamment on passe, avec une égale admiration, de la sérénité d'âme et du courage inébranlable d'un artisan, à la résignation et à l'humilité d'un noble.

Ainsi, en 1548, un Dauphinois nommé Pierre Chapot, après avoir reçu quelque instruction à Genève, vint à Paris, se fit correcteur d'imprimerie et distributeur de livres de religion ; il fut bientôt découvert et conduit devant la *chambre ardente* du Parlement. Sa douceur et sa modestie attendrirent ses juges, mais ne servirent qu'à irriter trois docteurs appelés pour discuter avec lui ; la simplicité de ses réponses, appuyées de la Parole de Dieu, les mit hors d'eux-mêmes et ils se retirèrent en fureur.

Après leur départ, le colporteur dit avec calme aux magistrats : « Vous voyez, Mes-« sieurs, que ces gens-ci ne donnent pour « toutes raisons que cris et menaces ; il n'est « donc pas besoin que je vous fasse connaître « plus au long la justice de ma cause. » Et tombant à genoux, il implora Dieu, le priant d'inspirer l'équité à ses juges. Quelques-uns d'entre eux furent émus et voulurent l'acquitter. La majorité le condamna cependant, et la seule faveur qu'il obtint fut qu'il n'aurait point la langue coupée avant d'être brûlé vif.

Il put donc exhorter le peuple tout le long du chemin qui le conduisit au bûcher, protestant qu'il mourait en vrai chrétien, en paix avec le Seigneur, et répétant le Symbole des Apôtres pour montrer à tous qu'il n'était point hérétique ; il fut aussi calme jusqu'à la fin.

Mais cette douceur et cette piété occasionnèrent un redoublement de rigueurs, et sur les remontrances que les théologiens de la Sorbonne firent à la chambre ardente, on décida que, dorénavant, pour empêcher les hérétiques de parler au peuple, tous les condamnés, sans exception, auraient la langue coupée. C'est avec un profond regret que l'on est forcé de retracer de telles horreurs et de montrer, dans des temps si proches de nous, parmi des chrétiens, entre des frères, de tels actes d'une sauvage barbarie; et ce sentiment sera plus profond encore si nous plaçons en face de ces jugements, de ces arrêts, de ces actes, la peinture des mœurs des réformés, prise dans le livre d'un ardent catholique qui saisit toutes les occasions de les accuser, et qui croit les couvrir de ridicule en les décrivant ainsi.

« Ils se déclaroient, dit Florimond de Ré-
« mond, ennemis du luxe, des débauches
« publiques et folâtreries du monde trop en
« vogue parmi les catholiques. En leurs as-
« semblées et festins, au lieu de danses, de
« hautbois, c'étoient lectures des Bibles qu'on
« mettoit sur table et chants spirituels, sur-
« tout des Psaumes quand ils furent rimés.
« Les femmes, à leur port et habits mo-
« destes, paraissoient en public comme des
« Èves dolentes ou Madeleines repenties,
« ainsi que disait Tertullien de celles de
« son temps; les hommes, tous mortifiés,

« sembloient être frappés du Saint-Esprit,
« c'estoient autant de SS. Jeans preschans
« au désert : celui qui estoit esleu surveil-
« lant quoique de diverses bandes, au ren-
« contre leur parloit des yeux, et les re-
« cognoissoit à leur seul geste comme cest
« ancien escrimeur savoit distinguer par l'en-
« tregent de la démarche ceux qui avoient
« emprins dans sa salle l'art d'escrime; avec
« cette modestie extérieure, ce n'estoit qu'o-
« béissance et humilité. Ils tâchoient à s'esta-
« blir non avec la cruauté, mais avec la pa-
« tience; non en tuant, mais en mourant;
« de sorte qu'il sembloit que la chrétienté
« fut revenue en eux à sa première inno-
« cence, et que cette sainte Réformation
« deut ramener le siècle d'or.

« Les feus cependant étoient allumés par-
« tout, et comme d'un côté la justice et sé-
« vérité des loix contenoit le peuple en son
« devoir; aussi de l'autre l'opiniâtre résolu-
« tion de ceux qu'on trainoit au gibet, aux-
« quels on voioit plustot emporter la vie
« que le courage en étonnoit plusieurs; car
« comme ils voioient les simples femmelettes
« chercher les tourments pour faire preuve

« de leur foi, et allant à la mort ne crier que
« le Christ, le Sauveur, chanter quelques
« psaumes ; les jeunes vierges, marcher plus
« gaiement au supplice, qu'elles n'eussent
« fait au lit nuptial ; les hommes s'esjouir
« voiant les terribles et effroiables apprêts et
« outils de mort qu'on leur avoit préparés,
« et mi-brûlés et rôtis, contempler du haut
« des bûchers, d'un courage invaincu, les
« coups des tenailles receus, porter un vi-
« sage et maintien joieus entre les crochets
« des bourreaux, estre comme des rochers
« contre les ondes de la douleur, bref mourir
« en riant comme ceux qui ont mangé l'herbe
« sardinienne ; ces tristes et constants specta-
« cles, jettoient quelque trouble non-seule-
« ment en l'âme des simples, mais des plus
« grands qui les couvraient de leur manteau,
« ne pouvant la plupart se persuader que ces
« gens n'eussent la religion de leur côté,
« puisqu'au prix de leur vie, ils la mainte-
« naient avec tant de fermeté et de résolu-
« tion. Autres en avoient compassion, marris
« de les voir ainsi persécutés. Et contem-
« plant dans les places publiques ces noires
« carcasses suspendues en l'air avec des

« chaines vilaines, restes des supplices, ils ne
« pouvoient contenir leurs larmes, les cœurs
« mesmes pleuroient avec les yeux. Cepen-
« dant les curieux désiroient voir leurs li-
« vres et savoir le fond de leur créance, et
« pourquoy on les faisait mourir. (1) »

Quel plus bel éloge un écrivain protestant
eût-il pu faire des réformés? et cet éloge
sort de la plume d'un de leurs plus ardents
ennemis! Mais ensuite, quelles devaient être
les mœurs de la cour de Catherine de Médicis, cette digne mère de Charles IX et de
Henri III, pour que ce tableau de mœurs pût
exciter à la fois le rire et la colère des
princes, des prêtres et des courtisans.

La dernière réflexion de Florimond est sai-
sissante et vraie : les cœurs de tous les chrétiens véritables, à quelque communion qu'ils
appartinssent, ont dû pleurer, autant de honte
que de douleur, à ces indignes spectacles.

(1) Florimond, VII, p. 865.

XVI

LA LISTE DES PREMIÈRES ÉGLISES.

Quand on fouille dans les archives du protestantisme, on trouve à chaque pas de nouveaux trésors de piété et de foi, de nouveaux actes de courage, de touchants exemples de résignation. C'est avec peine que l'on s'arrache à ces intéressantes recherches pour obéir à la nécessité de ne point dépasser l'étendue du cadre que l'on a dû se tracer.

Il faut donc abandonner une foule d'anecdotes précieuses, lorsqu'on n'a comme nous qu'un espace étroit à remplir. Après avoir cherché à faire connaître l'esprit de la Réforme naissante et le caractère des premiers ouvriers appelés par le Seigneur à travailler à ce champ, il est temps de faire connaître les Églises qui étaient fondées avant l'époque du Synode de 1559. Nous comptons cependant ne point nous borner à une aride nomenclature de noms ; car nous trouverons à glaner çà et là des faits intéressants, des martyrs auxquels, en passant, nous rendrons un pieux hommage ; et nous terminerons par l'histoire de l'Église de Paris et de ses grandes souffrances jusqu'en 1559, où nous achèverons notre tâche par l'histoire, malheureusement trop peu connue dans ses détails, du premier Synode.

Il serait bien à désirer de pouvoir retrouver l'exacte énumération des Églises fondées avant 1559, et de posséder une liste complète de tous ces troupeaux surgissant à la fois sur tous les points de la France, les uns nombreux, les autres faibles, tous également intéressants par leur zèle et leur piété ; mais où trouver les renseignements qui nous manquent pour reconstituer une semblable liste ? Depuis bien des années, les efforts de MM. Haag, les auteurs du grand et excellent livre biographique, *la France protestante*, ont été infructueux ; ils n'ont pu y réussir ; et ce qu'ils n'ont point découvert, qui oserait espérer le rencontrer ?

Ce que nous pourrons présenter de plus satisfaisant à nos lecteurs, est dû aux savantes recherches de ces infatigables investigateurs ; et si le zèle de nos pasteurs, éveillé sur la nécessité de reconstituer l'histoire de nos Églises, pouvait engager chacun d'eux à rechercher les origines de celle qui lui est confiée, le travail de MM. Haag serait un précieux point de départ qui, s'étendant de jour en jour, deviendrait enfin à peu près complet.

En mars 1562, le prince de Condé s'adressait à la reine-mère, après le cruel massacre de Vassy, où tant de protestants avaient été assassinés ; il lui représentait que cet acte odieux était un attentat à la majesté royale, l'engageant à embrasser franchement et ouvertement la cause protestante, et lui offrant à cet effet l'appui de deux mille cent cinquante Églises réformées alors établies en France.

Il a été impossible de retrouver la liste de ces Églises ; tous les efforts de MM. Haag n'ont pu les amener qu'à réunir à peine la dixième partie de ces noms. Par exemple, on sait positivement que la Provence, à cette époque, possédait soixante-dix Églises, et l'on n'a pu restituer les noms de plus d'une douzaine.

Nous ajouterons à ce qu'ils nous ont donné un certain nombre de noms extraits d'un document authentique, publié dans le *Bulletin de l'Histoire du Protestantisme*, ouvrage qui devient chaque jour une mine plus riche et plus féconde. Ce document est une liste des pasteurs envoyés de Genève aux diverses Églises de France entre les années 1555 et 1566.

Après l'indication de ces efforts, faits pour rendre hommage et justice égale à toutes les premières Églises, nous exprimerons notre reconnaissance pour les auteurs laborieux à qui nous devons ce que nous possédons de renseignements, et nous ferons observer que si leur zèle, qui n'est point assez encouragé, était partagé par un plus grand nombre de protestants, notre intéressante histoire se compléterait bien vite.

Nous ferons remarquer que la date jointe au nom de chaque Église, dans notre énumération, n'est point celle de leur fondation, mais seulement la plus ancienne date qu'on ait pu constater par la nomination d'un ministre, ou par quelque évènement connu, bien que l'Église pût déjà exister depuis quelque temps. C'est pourquoi nous avons conservé dans cette liste un certain nombre d'Églises dont l'existence est ainsi constatée par une date postérieure à celle du premier Synode de 1559, et un certain nombre d'autres qui n'ont aucune indication d'époque. Nous avons la presque certitude que toutes celles qui y sont nommées ont compté parmi les filles aînées de la Réforme évangélique; et comme nous ne possédons malheureusement aucun renseignement sur la plus considérable partie des Églises qui durent envoyer leurs ministres ou leurs délégués au premier Synode, il nous a paru préférable de laisser un nom de trop à en omettre un qui aurait été représenté dans cette courageuse et importante réunion.

Liste de 334 Églises protestantes existantes en France en 1562, tirée des pièces justificatives de la France protestante, *et augmentée des noms des Églises indiquées dans la liste des pasteurs envoyés par la Compagnie des pasteurs de Genève aux Eglises de France, de 1555 à 1566, extraite du* Bulletin de l'Histoire du Protestantisme français.

Bretagne. — Ile de Noirmoutiers, 1557; Ligneul, 1560; Le Croisic, en 1558; Nantes, 1559; Rennes, avant 1562; Vitré, 1560.

Champagne. — Châlons, avant 1562; Troyes, 1558; Vassy, avant 1561; Chaumont, 1561; Villeneuve-le-Roi; Vitry; Monsaujon; Teismes ou Fismes; Sedan; Provins; Nogent; Brie-Comte-Robert; Céant-en-Othe, avant 1562; Loisy, avant 1562; Langres.

Ile-de-France. — Paris, 1555; Meaux, 1556; Pontoise; Dreux; Ferrière; Houdan; Melun, 1562; Meullent ou Meulan; Laferté-Milon; Clermont; Senlis.

Maine. — Le Mans, 1561; Belesme, 1561; Château-du-Loir, 1561; Lassey, 1561; Laval, 1561; Noyant, 1561; Craon, avant 1561; Mamers, 1561.

Normandie. — Rouen, 1557; Caen, 1558; Saint-Lô, 1555; Évreux, 1559; Luneray, 1559; Dieppe, 1555; Harfleur, avant 1562; Montivilliers, 1555; Lillebonne, avant 1562; Bayeux, 1555; Falaise, avant 1562; Le Havre, en 1558; Pont-Audemer, avant 1562; Caudebec; Vire, en 1559; Conches; Gisors; Carentan, avant 1562; Alençon, avant 1562; Leplain, avant 1561; Valognes, vers 1561.

Orléanais. — Orléans, 1557; Blois, 1556; Vendôme, vers 1561; Mer, avant 1561; Thuillay, en 1561; Poyers, en 1561; Cheville, en 1561; Courville, en 1559; Chrens, en 1561; Chilleure, en 1559; Beaugency, en 1559; Chartres, 1559; Javille ou Jenville; Gallardon; Issoudun, en 1556; Montargis; Berry-Villequier; Dourdan; Gergeau, en 1559; La Huestre, 1559; La Pervanchère, en 1559; Gidy, en 1559; Neuville, en 1559; Pithiviers, en 1559; Sercotes, 1559; Montrichard; Autry, 1562; Brou, 1561; Illiers, 1556; Germeray, 1561; Joinvilliers, 1561; Jouy, 1561; Sully, en 1561.

Picardie. — Amiens, avant 1562; Boulogne; Picquigny; Pont-de-Rémy; Montdidier; Bourg-de-Quincy.

Anjou. — Angers, en 1555; Baugé; La Flèche, avant 1562.

Aunis et Saintonge. — La Rochelle, 1557; Ile-de-Rhé, 1559; Aunay; Marennes, vers 1556; l'île d'Alvert, 1555; Saujon, 1559; île d'Oleron, 1559; Jarnac, 1561; Angoulême, 1559; Saintes, 1556; Pons, 1559; Saint-Jean-d'Angely, 1555; Soubise, 1559; Tonnay-Charente, 1560; Hiersac, avant 1560; Cognac, 1558; Vertueil, 1562; Iles-Neuves, 1556.

Auvergne. — Issoire, avant 1562; Guéret; Saint-Porcin; Aurillac, 1561; Faucoings p. e. Sancoins; Voisy-de-Bons; Jeurs; Quiers, 1559; Arpajon, 1561.

Berry. — Bourges, 1556; Gien, 1559; Châtillon-sur-Loire, 1559; Sancerre, 1559; La Charité, 1560; Asnières-lès-Bourges, avant 1557; Aubigny, 1556; Lachâtre, 1560; Yssoudun, 1557; Châteauroux, 1559.

LA LISTE DES PREMIÈRES ÉGLISES. 191

Bourbonnais. — Saint-Amand, 1560; Moulins, 1562.

Bourgogne. — Beaune, 1561; Is-sur-Tile, 1561; Arnay-le-Duc, 1561; Châtillon-sur-Loing, 1561; Sens, 1561; Châlons-sur-Saône, 1559; Mâcon, 1559; Dijon, 1561; Noyers, 1561; Nuits; Tournus; Crevant; Tannière; Verdun; Châtillon-sur-Seine, 1561; Avallon; Bar-sur-Seine; Auxerre, 1561; Autun, 1559; Vezelay.

Limousin. — Limoges, 1559.

Lyonnais. — Lyon, 1557; Viviers; Vichy; Belleville, 1562; Dombes, 1562.

Nivernais. — Nevers, 1561; Corbigny, 1561; Autrain, avant 1562.

Poitou. — Poitiers, 1555; Châtellerault, 1555; Fontenay, avant 1560; Montmorillon, 1561; Saint-Savin, 1561; Loudun, avant 1561.

Touraine. — Tours, 1556; Montoire, 1556; Bourg-Saint-Avertin; Chinon, 1559; Saint-Christophe, 1561; Cormery, avant 1561; Azé-le-Brûlé, avant 1561.

Dauphiné. — Orange, 1561; Gap, 1561; Romans, 1560; Grenoble, 1561; Montelimart, 1560; Valence, 1559; Vienne, 1561; Graignan, 1562.

Foix. — Foix, 1561; Pamiers, 1561; Mas-d'Azil, 1561.

Guyenne. — Bordeaux, 1558; Sainte-Foy, 1561; Mauvesin, 1561; Rhodez, 1558; La Pérusse, 1561; Périgueux 1561; Hontaut, vers 1560; Rions, 1559; Villeneuve, 1561; Tonneins, 1562; Clairac, 1562; Castelmoron, 1561; Nérac, 1558; Moissac, 1562; Figeac, 1558; Gontaut, 1561; Saint-Macaire; Dax; Bergerac, avant 1562; Montême; Uzarche; La Réole; Agen; 1560; Auch, 1561 ; Bazas, 1561 ; Compère, 1561 ; Condom, 1562 ; Le Mas-d'Agénois, 1562; Marmande, avant 1562; Monségur, avant 1562; Coutras, avant 1562; Lérac, avant 1562; Mont-de-Marsan, 1561 ; Saint-Lyons, 1562 ; Braydeac, 1558 ; Sarlat, 1559; Villefranche, 1559; Montaigu, 1559; Castres, 1559; Bragerac, 1561; Miremont en Agenois, 1561; Grateloup en Agenois, 1561; Saint-Antonin en Agénois, 1561 ; Montauld en Agenois 1566; Port-Sainte-Marie; Allomans en Périgord.

LANGUEDOC. — Castres, 1560; Réalmont, 1561 ; Roquecourbe, 1560; Milhau, 1560; Sainte-Affrique, 1561 ; Pont-de-Camarre; Moncuq, 1560; Revel, 1560; Montauban, 1560; Beaucaire, 1562; Carcassonne, 1561 ; Castelnaudary, 1562; Montalsat, 1561 ; Rabastens, 1561; Albiac, 1561; Réalville, 1562; Saint-Antonin, 1562; Bruniquel, 1562 ; Saint-Léophaire, 1661 ; Négrepelisse, 1561 ; La Guépie, 1561 ; Caussade, 1561 ; Alby, 1561; Saint-Céré, 1561 ; Lectoure, 1561 ; Rioupéroux, 1561; Lavaux, 1561; Vieulle, 1561; Savignac, 1561; Toulouse, 1558 ; Cicurre, 1561 ; Froissac, 1561 ; Villefranche, 1558; Marmejoux, 1561 ; Villeneuve-lès-Avignon, 1561 ; Uzès, 1560; Baignols, 1560; Nîmes, 1559; Aiguesmortes, 1560; Soumières, 1559; Montpellier, 1559; Gignac, 1560 ; Béziers, 1561 ; Cahors, 1560 ; Cataleux, 1562; Barre, 1561 ; Caylus, 1562; Ciévrac, 1562; Defau, 1561 ; Espaillon, 1561 ; Beaumont, 1561; Ganges, 1560; Le Vigan, 1560 ; St-Hippolyte, 1560; Sauve, 1560; St-Germain-de-Calberte, 1560 ; St-Jean-de-Gardonanque, 1560 ; Marvejols, 1561; Castelnau, 1560;

Sévérac, 1560; Florac, 1561; Saint-Étienne-de-Valfrancesque, 1560; Saint-Privat, 1560; Pont-de-Monvert, 1560; Alais, 1560; Anduze, 1557; Berseuil, 1561; Barry-d'Islemade, 1561; Melet, 1560; Gabriac, 1560; Gaillac, avant 1560; Limoux, vers 1562; Pont-St-Esprit, 1560; Pignequoz, 1562; Septfons 1562; Agde, 1562; Saint-Gilles, 1559; Massileragues, 1560; Saint-Marcel-le-Rance, 1565; Lodève, 1566.

NAVARRE. — Pau, 1556.

PROVENCE. — Aix, 1557; Cabrières; Mérindol; Lourmarin; Castellane, 1559; Fréjus, 1559; Sisteron, 1559; Saint-Paul, 1559; Marseille, 1559; Mouvans, 1558; Manosque, 1562; Tarrascon, 1559 (1).

Il faut remarquer que ni l'Alsace, ni la Franche-Comté, ni la Lorraine n'appartenaient alors à la France.

---

(1) L'orthographe des noms est donnée telle qu'elle s'est trouvée dans les anciens documents.

XVII

DE QUELQUES CONFESSEURS.

AYMOND DE LA VOYE. — LES CINQ ÉCOLIERS. — BERNARD PALISSY.

A l'époque où nous sommes arrivé, c'est-à-dire au milieu du seizième siècle, la Réforme s'était répandue sur toute la surface de la France; et l'on calcule qu'elle comptait dans ses rangs la sixième partie de la population. Hommes de lettres ou d'épée, gens d'Église ou artisans, on peut dire que l'élite de la nation, en moralité, en piété, avait pris part à ce mouvement. La cour, en revanche, sous la domination et la direction de Catherine de Médicis, remettait en honneur la magie et l'astrologie; et ces sciences païennes et impies y étaient étudiées sous les yeux du clergé, sans causer de scandale. On ne s'occupait que de réprimer les tendances évangéliques; et, dans toutes les provinces, les bûchers recevaient de nouveaux confesseurs.

Nous allons passer rapidement en revue quelques-unes des Églises dont nous venons de donner la liste, pour y prendre encore quelques-uns de ces beaux exemples de courage et de résignation dont notre histoire est si riche, que la seule difficulté qui nous puisse survenir est causée par l'abondance, dans la crainte de n'en point citer assez et d'en oublier des plus dignes.

Aymond de la Voye fut le premier pasteur de la ville de Sainte-Foy, dans l'Agenois : dénoncé au Parlement de Bordeaux, on vint charitablement l'avertir en secret que, s'il ne se sauvait, il serait inévitablement arrêté trois jours plus tard.

En véritable pasteur, il répondit à ceux qui lui donnaient cet avis : « J'aimerois « mieux n'avoir jamais esté né que de com- « mettre telle lâcheté, car ce n'est point l'of-

« fice d'un bon pasteur de s'enfuir quand il
« void le danger, comme dit nostre Seigneur :
« Ains doit demeurer, afin que les brebis ne
« soient esparses. » Or, nostre Seigneur m'a
« donné la grâce de vous avoir presché son
« Évangile; et si maintenant, pour une ten-
« tation, je m'en allois, on estimeroit que je
« n'aurois presché que fables. »

Il se laissa donc prendre, conduire en prison, à Bordeaux, et y resta neuf mois au cachot, après quoi il fut condamné au bûcher, puis il souffrit la torture la plus cruelle, parce qu'on voulait qu'il découvrit ses adhérents. Quoique faible de complexion, il supporta les plus atroces douleurs avec patience et courage, disant seulement : « Ce corps
« périra, mais l'esprit vivra, et le royaume
« de Dieu vivra éternellement; » et quand on redoublait ses souffrances, il se bornait à ces plaintes touchantes : « Hélas! messieurs,
« pourquoi me tourmentez-vous tant? Sei-
« gneur, veuille leur pardonner, car ils ne
« savent ce qu'ils font. Je pensois trouver
« aux hommes plus de pitié que je n'ai fait;
« dont je prie le Seigneur que je trouve en
« lui miséricorde. »

Et sur le bûcher même il criait encore :
« Seigneur, pardonne à ceux-ci, car ils ne
« savent ce qu'ils font ! » Et criait à la foule :
« Mes frères, messieurs les escholiers, je
« vous prie, estudiez en l'Évangile : il n'y a
« que la Parole de Dieu qui demeure éternel-
« lement. »

Il fut emprisonné à Noël 1551, et retourna près de son Sauveur à la fin de 1552, au bout d'une année d'agonie.

Simon Laloe, de Soissons, habitait Genève et, voulant revoir sa famille, était rentré en France et passait par Dijon. Il y fut arrêté comme hérétique, jugé par le Parlement de cette ville, et condamné, comme à l'ordinaire, au supplice du feu. Je ne citerais point ce fait s'il n'avait été accompagné d'une circonstance unique peut-être, extraordinaire à coup sûr.

« Il fut bruslé, dit Théodore de Bèze, le
« 21 de novembre audit an 1553, et fust sa
« mort à jamais remarquable pour un cas
« vraiment nouveau qui y advint. C'est entre
« autres choses qu'estant sur le bois il fit
« une excellente prière pour la conversion
« de ceux qui le faisoient mourir ; de sorte

« que l'exécuteur, nommé Jacques Sylvestre,
« qui jamais auparavant n'avoit ouï parler
« de Dieu ni de son Évangile, pleuroit à
« chaudes larmes en l'exécutant, et ne se
« donna aucun repos depuis qu'il ne fût in-
« formé de la vérité, laquelle ayant connue,
« il se retira à Genève, où il est mort. »

O juges ! ô docteurs ! sera-t-il donc éternellement écrit pour vous que les péagers vous devanceront dans le royaume de Dieu ! Nous avons déjà plusieurs fois parlé du zèle de ces hommes qui transportaient la Bible de Suisse en France. En mainte occasion, ce zèle trouva sa récompense dans les supplices; et nos histoires ont eu à enregistrer la mort de beaucoup de ces humbles confesseurs. Il en était de même de ces jeunes gens qui venaient chercher à Genève, auprès de Calvin, de Viret, de Farel, les leçons de l'expérience et l'autorité du savoir, puis retournaient en France répandre dans les provinces cette bonne semence amassée pour le bien de tous. S'ils étaient découverts, leur perte était assurée; on n'en eut que trop souvent la preuve.

Une fois entre autres, cinq jeunes écoliers

périrent avec des circonstances si touchantes et si douloureuses, qu'après avoir frappé le monde d'un sentiment de profonde pitié, leur mémoire servit à perpétuer la foi et à encourager la fidélité dans l'Eglise qui en fut témoin.

Ces cinq jeunes écoliers étaient venus étudier à Genève sous Calvin, de Bèze et Viret; leur instruction achevée, ils s'en retournèrent en France, où le champ de travail s'offrait à leur activité, leur demandant leur dévouement et peut-être même un jour leur vie. C'étaient : Martial Alba, de Montauban; Pierre Écrivain, de Gascogne; Charles Faure, de l'Angoumois; Pierre Navihères, limousin, et Bernard Séguin, de La Réole. Ils partirent au printemps de 1552. A peine avaient-ils mis les pieds en France qu'ils étaient espionnés, trahis et vendus, pris, garrottés et jetés dans les prisons de Lyon. Les cantons protestants de la Suisse, informés de ce malheur, adressèrent au roi des supplications et des remontrances qui furent rejetées. Ils s'adressèrent également au cardinal de Tournon, et cherchèrent, mais en vain, à réveiller quelques sentiments d'humanité dans son âme. Tout fut inutile, et les pauvres étudiants furent condamnés à être brûlés vifs sur la place des Terreaux de Lyon, après une année de détention passée dans les prisons de Lyon, de Roanne et de Paris. Ils montrèrent, soit dans la captivité, soit en se rendant au lieu du supplice, le calme le plus édifiant et le courage le plus ferme ; étant conduits au bûcher, liés ensemble sur une charrette, ils chantaient le psaume IXe : « Sans cesse je te bénirai, « Seigneur! » Ils répétèrent à haute voix le Symbole des Apôtres, chacun en récitant à son tour un article, pour montrer au peuple leur foi, élevant à dessein la voix en prononçant ces mots : « Il a été conçu du Saint-« Esprit; il est né de la Vierge Marie, » voulant prouver la fausseté de l'accusation portée contre eux de rejeter le Symbole, en tout ou en partie. Les gardes voulurent deux fois les contraindre à garder le silence; mais l'un d'eux leur ayant dit avec douceur : « Nous « empêcherez-vous, si peu que nous ayons à « vivre, de louer et d'invoquer Dieu? » les soldats n'osèrent plus les troubler. Ils s'embrassèrent avec une pieuse affection au moment de mourir, et du milieu des flammes on les entendit encore s'exhorter les uns les au-

tres en s'écriant : « Courage, mes frères,
« courage! »

Leur admirable constance dans cette première jeunesse impressionna vivement la foule. Où serait l'Esprit de Dieu, si ce n'est avec ceux qui savent ainsi souffrir pour lui? Aussi cet Esprit se répandit parmi les fidèles de Lyon et y forma une Église que Pierre Fournelet, de Normandie, avait commencé à susciter dès 1546.

Plus heureux que ces cinq jeunes étudiants, Philibert Hamelin, après avoir été consacré au saint ministère par Calvin, put retourner en Saintonge, et y fonder de nouvelles Églises dans ce pays, où le germe de la Réforme avait été déjà déposé. Un de ses titres de gloire est d'avoir amené à la connaissance de l'Évangile Bernard Palissy, ce grand artiste, ce précurseur de la science, qui découvrit les premières lois alors inconnues de la physique et de l'histoire naturelle, et que nous allons montrer donnant, jusqu'au dernier jour de sa longue vie, le plus admirable exemple de fidélité, de courage et d'énergie.

Combien nous sommes heureux toutes les

fois que nous rencontrons, dans un de ces grands noms que l'histoire lègue à la postérité, un apôtre de notre Église naissante. Entre les plus nobles de ces caractères est celui de Palissy, que l'on s'était accordé à considérer comme un des plus beaux génies qu'ait produit la France, et que des recherches nouvelles ont placé parmi les plus fidèles propagateurs de l'Évangile.

C'était d'abord un artisan obscur qui lutta toute sa vie contre la misère, les dégoûts, les persécutions, et qui inscrivit cette touchante plainte en tête d'un de ses savants ouvrages : « *Povreté empesche les bons esprits de parvenir.* » Mais jamais la pauvreté ni la persécution ne purent l'abattre ; et plus il en semblait accablé, plus sa grande âme se raidissait contre l'infortune, s'élevait et se rapprochait de son Créateur. De simple potier de terre, il devint un des plus grands artistes de son temps, et l'un des esprits les plus profonds, les plus instruits en chimie, en physique, en histoire naturelle, à ce point que les découvertes qu'il a faites ou pressenties ont étonné les savants de nos jours. Son merveilleux bon sens lui fit deviner les choses ignorées et rejeter les idées fausses reçues par tous.

« Je scai, écrivait-il, que toute folie ac-
« coutumée est prinse comme par une loi et
« vertu, mais à ce je ne m'arreste, et ne veux
« aucunement estre imitateur de mes prédé-
« cesseurs ès choses spirituelles et temporel-
« les, sinon en ce qu'ils auront bien fait
« selon l'ordonnance de Dieu. »

Je ne puis m'étendre ici, comme je l'aime-
rais, en détails sur la vie si intéressante de ce
grand homme, créateur de chefs-d'œuvre
qui se paient aujourd'hui des sommes énor-
mes. Beaucoup d'écrivains ont, de nos jours,
cherché à faire connaître son histoire si pa-
thétique, si pleine d'enseignements de tout
genre; moi-même, ailleurs, j'ai esquissé sa
vie pour l'offrir en exemple de courage et de
persévérance aux jeunes artisans. Je l'ai
montré, comme il l'a dit énergiquement,
« bastelant l'espace de 15 à 16 ans, » à la
recherche d'une seule découverte; n'ayant,
pendant ce temps, ni argent, ni pain, ni consolation; méprisé, passant pour fou ; et quand
il sent le découragement le gagner, s'adres-
sant à son âme en ces nobles paroles : « Qu'est-
« ce qui te triste, puisque tu as trouvé ce que

« tu cherchais ? Travaille à présent, et tu
« rendras honteux tes détracteurs ! »

Aujourd'hui, je me bornerai à le présenter sous un autre aspect, celui de ses rapports avec l'établissement de la Réforme en Saintonge, et je le montrerai le fidèle confesseur de l'Évangile jusqu'à sa mort. Ce côté de sa vie égale en beauté l'autre.

C'est pendant qu'il était au plus rude moment de ses épreuves dans sa carrière artistique, qu'il embrassa la cause de l'Évangile, en devint l'apôtre zélé, et contribua à fonder l'église de Saintes. Celle-ci, comme beaucoup d'autres, prit naissance par de courageuses prédications que les persécutions voulurent en vain combattre. Le zèle des fidèles s'y montra partout trop ardent pour y être affaibli par le danger. Nous citerons ici un passage où Florimond parle des Églises de la Saintonge de manière à indiquer combien elles y furent nombreuses, appelant le temps où les protestants y prospéraient l'époque de leur conquête. « Je me suis trouvé, dit-il, en
« Xaintonge, province lors de leur conquête,
« en la maison d'un gentilhomme, non guère
« esloignée de la ville de Xaintes où toute la

« noblesse du pays étoit invitée. Le maître
« de la maison qui étoit de la religion nou-
« velle, ne voulust que le presche se fist
« dans ses salles; mais bien dans sa grange
« où le ministre prêcha assis dans une chaire
« avec une table devant lui couverte d'un
« tapis vert. A peine eut-il achevé que son
« temple fut rempli de mulets et de che-
« vaux; je lui demandai pourquoi ils ne
« donnoient à Dieu un temple plus hono-
« rable, veu même que c'étoit la plus cé-
« lèbre Église (pour parler en leurs termes)
« de la Xaintonge et la plus notable assem-
« blée des gens de qualité. Mais ils me fi-
« rent réponse que Dieu demandoit des
« cœurs nets et non pas des églises po-
« lies (1). »

Puis il continue ridiculisant ce qu'il considère comme une erreur grossière!

Puisque les bornes de ce petit ouvrage ne nous permettent point d'y accorder une grande place à un seul homme, si beau que soit son caractère, laissons un instant Palissy parler lui-même; son cœur et son esprit se

---

(1) Florimond. VIII, 1005.

peignent toujours dans ce qu'il écrit. Voici un fragment extrait de ses œuvres ; il y raconte les premiers jours de la Réforme dans sa province et particulièrement à Saintes.

« Je m'asseure, écrit-il dans un de ses ou-
« vrages (1), qu'il y a eu au commencement
« telle assemblée que le nombre n'estoit que
« de cinq seulement, et pendant que l'Église
« estoit ainsi petite et que maistre Philebert
« (Hamelin) estoit en prison, il arriva en
« ceste ville un ministre nommé de La Place,
« lequel avoit esté envoyé pour prescher en
« Allevert. Mais ce mesme jour, le procureur
« dudit Allevert se trouva en ceste ville qui
« certifia qu'il y seroit fort mal venu à cause
« de ce baptesme que maistre Philebert avoit
« fait, parce qu'on avait condamné plusieurs
« assistans à fort grandes amendes, qui fut
« le moyen que nous priasmes ledit de La
« Place de nous administrer la Parole de
« Dieu ; et fust receu pour nostre ministre
« et y resta jusques à ce que nous eusmes
« mousieur de la Boissière qui est celuy que
« nous avons encores à présent. Mais c'estoit

(1) Palissy, Œuvres complètes.

« une chose pitoyable car nous avions bon
« vouloir; mais le pouvoir d'entretenir les
« ministres n'y estoit pas, veu que La Place,
« pendant le temps que nous l'eusmes, il fut
« entretenu une partie aux dépens des gen-
« tilshommes qui l'appelloyent souvent.
« Mais craignant que cela ne fust le moyen
« de corrompre nos ministres, on conseilla à
« monsieur de la Boissière de ne partir de la
« ville sans congé pour servir à la noblesse,
« veu qu'aussi il y eust urgente affaire. Par
« tel moyen, le pauvre homme estoit reclos
« comme un prisonnier, et bien souvent
« mangeoit des pommes et beuvoit de l'eau
« à son dîner, et par faute de nape, il met-
« toit bien souvent son dîner sur une che-
« mise, parce qu'il y avoit bien peu de riches
« qui fussent de nostre assemblée, et si
« n'avions pas de quoy luy payer ses gages.

« Voilà comment nostre Église a été érigée
« au commencement par gens méprisez; et
« alors que les ennemis d'icelle la vinrent
« saccager et persécuter, elle avait si bien
« profité en peu d'années, que desjà les jeux,
« danses, balades, banquets et superfluités
« de coiffures et dorures avoyent presque

« toutes cessé : il n'y avoit plus guères de
« paroles scandaleuses, ni de meurtres. Les
« procès commencoyent grandement à dimi-
« nuer, car soudain que deux hommes de
« la religion estoyent en procès, on trouvoit
« moyen de les accorder, et mesme bien
« souvent devant que commencer aucun
« procez, un homme n'y eust point mis un
« autre que premièrement il ne l'eust fait
« exhorter à ceux de la Religion. Quand le
« temps s'approchoit de faire ses Pasques,
« plusieurs haines, dissensions et querelles
« estoyent accordées. Il n'estoit question que
« de pseaumes, prières, cantiques et chan-
« sons spirituelles et n'estoit plus ques-
« tion de chansons dissolues ni lubriques.
« L'Église avoit si bien profité, que mesme
« les magistrats avoyent policé plusieurs
« choses mauvaises qui dépendoyent de leurs
« authorités. Il estoit défendu aux hoste-
« liers de tenir jeux ny de donner à boire et
« à manger à gens domiciliez, afin que
« les hommes desbauchez se retirassent en
« leurs familles. Vous eussiez veu en ces
« jours-là ès dimanches les compagnons de
« mestier se pourmener par les prairies, bo-

« cages ou autres lieux plaisans, chantant
« par troupes pseaumes, cantiques et chan-
« sons spirituelles, lisant et s'instruisant les
« uns les autres.

« Vous eussiez aussi veu les filles et vierges
« assises par troupes ès jardins et autres
« lieux, qui, en pareil cas, se délectoyent à
« chanter toutes choses sainctes. D'autre
« part, vous eussiez veu les pédagogues qui
« avoyent si bien instruit la jeunesse, que les
« enfants estoyent tellement enseignez, que
« mesme il n'y avoit plus de geste puérile,
« ains une constance virile. Ces choses
« avoyent si bien profité que les personnes
« avoyent changé leurs manières de faire,
« mesme jusques à leurs contenances.

« L'Église fut érigée au commencement
« avec grande difficulté et éminens périls ;
« nous estions blamez et vitupérez de calom-
« nies perverses et meschantes. . . . .

« Nonobstant toutes ces choses, Dieu fa-
« vorisa si bien nostre affaire, que combien
« que nos assemblées fussent le plus sou-
« vent à plein minuit, et que nos ennemis
« nous entendoyent souvent passer par la
« rue, si est-ce que Dieu leur tenoit la bride

« serrée en telle sorte, que nous fusmes con-
« servés sous sa protection ; et lorsque Dieu
« voulut que son Église fut manifestée pu-
« bliquement et en plein jour, il fist en
« nostre ville une œuvre admirable, car il
« fut envoyé à Tolose deux des principaux
« chefs, lesquels n'eussent voulu permettre nos
« assemblées estre publiques, qui fut la cause
« que nous eusmes la hardiesse de prendre
« la Halle ; ce que nous n'eussions pu faire
« sans grands scandales, si lesdits chefs eus-
« sent esté en la ville. Et qu'ainsi ne soit,
« tu ne peux nier que depuis ces troubles ils
« ne se soyent totalement appliqués à rabais-
« ser, ruiner et anichiler, enfoncer et abys-
« mer la petite nacelle de l'Église réformée.

« Combien que l'Église (de Saintes) eut de
« graves ennemis, toutesfois elle fleurit en
« telle sorte, en peu d'années, que mesme
« les ennemis d'icelle, à leur très grand re-
« gret, estoyent contraints de dire bien de
« nos ministres, et singulièrement de mon-
« sieur de la Boissière, parce que sa vie les
« redarguoit et rendoit bon tesmoignage de
« sa doctrine. Or, aucuns prestres commen-
« çoient d'assister aux assemblées, à estu-

« dier et prendre conseil de l'Église ; mais
« quand quelqu'un de l'Église faisoit quel-
« que faute ou tort à quelqu'un des adver-
« saires, ils savoyent très bien dire : « Vostre
« ministre ne vous a pas conseillé de faire ce
« mal ; » et ainsi, les ennemis de l'Évangile
« avoyent la bouche close ; et combien qu'ils
« eussent en haine les ministres, ils n'o-
« soyent mesdire d'eux à cause de leur
« bonne vie. En ces jours-là, les prestres
« et moines furent blasmez du commun :
« savoir est, des ennemis de la religion, et
« disoyent ainsi : « Les ministres font des
« prières que nous ne pouvons nier qu'elles
« ne soient bonnes. Pourquoi est-ce que vous
« ne faites le semblable? » Quoi voyant,
« monsieur le théologien du chapitre se print
« à faire les prières comme les ministres ;
« aussi firent les moines qu'ils avoyent à ga-
« ges pour leur prédication ; car s'il y avoit
« un fin frère, mauvais garçon et subtil ar-
« gumentateur de moine en tout le pays,
« il faloit l'avoir en l'église cathédrale. Voilà
« comment, en ces jours-là, il y avoit prières
« en la ville de Xaintes, tous les jours, d'une
« part et d'autre. Veux-tu bien cognoistre

« comment les ecclésiastiques romains fai-
« soyent lesdites prières par hypocrisie et
« malice? Regarde un peu; ils n'en font
« plus à présent, ni n'en faisoyent auparavant
« la venue des ministres; est-il pas aisé à
« juger que ce qu'ils en faisoyent estoit seu-
« lement pour dire : Je say faire cela aussi
« bien comme les autres? Quoy qu'il en soit,
« l'Église profita si bien alors que les fruits
« d'icelle demeureront à jamais; et ceux qui
« ont l'espérance de voir l'Église abattue et
« annichilée seront confus, car puisque Dieu
« l'a garentie lorsqu'ils n'estoyent que trois
« ou quatre pauvres gens mesprisez, combien
« plus aujourd'hui aura-t-il soin d'un grand
« nombre? Je ne doute pas qu'elle ne soit
« tormentée; cela nous doit estre tout résolu
« puisqu'il est écrit; mais ce ne sera pas
« selon la mesure et désir de ses ennemis.
« Plusieurs gens des villages, en ces jours-là,
« demandoyent des ministres à leurs curez
« ou fermiers, ou autrement ils disoient
« qu'ils n'auroient point de dismes. Cela
« faschoit plus les prestres que nulle autre
« chose, et leur estoit fort estrange. En ces
« temps-là furent faits des actes assez dignes

« de faire rire et pleurer tout à un coup ;
« car aucuns fermiers, ennemis de la reli-
« gion, voyant telles nouvelles, s'en alloyent
« aux ministres pour les prier de venir
« exhorter le peuple, d'où ils estoyent fer-
« miers, et ce, afin d'estres payez des dismes.
« Quand ils ne pouvoyent finir de ministres,
« ils demandoyent des anciens. Je ne ris
« jamais de si bon courage, toutes fois en
« pleurant, quand j'ouy dire que le procu-
« reur, qui estoit greffier criminel, lorsqu'on
« faisoit les procès de ceux de la religion, avoit
« fait luy-mesme les prières un peu auparavant
« le saccagement de l'Église en la paroisse
« d'où il estoit fermier : à savoir si, lorsqu'il
« faisoit lui-même les prières, il estoit meil-
« leur chrestien que quand il escrivoit les
« procès contre ceux de la religion ? Certes,
« autant bon chrestien estoit-il lorsqu'il escri-
« voit les procès comme quand il faisoit les
« prières, attendu qu'il ne les faisoit que
« pour avoir les gerbes et fruits des labou-
« reurs. Le fruit de nostre petite Église avoit
« si bien profité, qu'ils avoyent contraint les
« meschants d'estre gens de bien. Toutesfois

« leur hypocrisie a esté depuis amplement
« manifestée et cogneüe..... (1). »

J'ai dû choisir, pour donner une idée de son style, à la fois sévère, naïf et original, qui, au dire de bons juges, ne le cède guères à Montaigne, un passage qui eût trait à notre histoire. Combien cette citation eût été plus vive et plus touchante si elle eût contenu les saisissants récits de sa patience et de ses douleurs. Néanmoins, cette peinture des débuts de la pauvre Église de Saintes et du profit que fermiers ou moines cherchaient à en tirer, a aussi son caractère, et Palissy qui riait en pleurant, lorsqu'il étudiait ces misères du cœur humain, s'y montre à la fois artiste caustique et railleur, moraliste et philosophe chrétien. Il retrace plus loin, en lignes énergiques, les persécutions cruelles que souffrit sa province, et en même temps la piété de sa petite Église. Il crut qu'en se tenant enfermé, travaillant laborieusement, écrivant dans le secret pour léguer ses découvertes au monde, son obscurité le ferait échapper aux

(1) Palissy, édition de Faujas de Saint-Fond, p. 630.

périls qui l'entouraient ; mais il se trompa : il fut dénoncé, pris et livré aux tribunaux. Cependant, grâce à la protection du connétable de Montmorency, qui l'avait chargé d'importants travaux, il retrouva sa liberté, et dans une épître adressée au duc, en tête d'un de ses traités, il raconte les causes du danger qu'il courut.

« Le seul motif de son emprisonnement,
« dit-il, c'est qu'il avait eu le courage, en
« plusieurs occasions, de remontrer à ces
« haineux qu'il est écrit que celui-là est mau-
« dit qui boit le lait et vêtit la laine de la
« brebis sans lui donner pâture. »

Forcé bien à regret de ne point m'étendre sur le beau caractère et les talents extraordinaires d'un homme pour qui je serais peut-être plus excusable qu'un autre d'éprouver une admiration enthousiaste, je me bornerai à raconter sa mort. Nous allons voir comment il supporta cette épreuve suprême de la conscience, de la foi et du courage de l'homme. Il attendit sa dernière heure comme il avait enduré la souffrance, son regard fixé sur Dieu.

Arrêté en 1588, et jeté à la Bastille à l'âge

de près de quatre-vingt-dix ans, il y attendait avec calme le moment du supplice. Le roi, touché peut-être de quelques remords en songeant à cette longue vertu, à ces talents, à cette haute réputation du vieillard, vint le visiter dans sa prison et lui dit :

« Mon bonhomme, si vous ne vous acco-
« modez pour le fait de la religion, je suis
« contraint de vous laisser entre les mains de
« mes ennemis. »

Et le pauvre potier lui fit cette haute et sublime réponse :

« Sire, j'estois bien tout prêt de donner
« ma vie pour la gloire de Dieu ; si c'eust été
« avec quelque regret, certes il seroit esteint
« en ayant ouï prononcer à mon grand roi :
« je suis contraint ; c'est ce que vous et ceux
« qui vous contraignent ne pourrez jamais
« sur moi, parce que je say mourir. »

Heureusement, la honte de sa condamnation fut épargnée à la France. Lestoile dit dans son journal, « qu'en ce même an 1590, mourut
« aux cachots de la Bastille, de Bussi-Leclerc
« (un des seize), maistre Bernard Palissy,
« prisonnier pour la religion aagé de quatre-
« vingts ans ; et mourust de misère, néces-

« sité et mauvais traitement, et avec lui trois
« autres pauvres femmes détenues prison-
« nières pour la mesme cause de religion,
« que la faim et la vermine estranglèrent....
« La tante de ce bonhomme, s'estant retour-
« née le lendemain voir comme il se portait
« trouva qu'il étoit mort ; et lui dit Bussi
« que si elle le voulait voir, qu'elle le trou-
« veroit avec ses chiens sur le rempart où il
« l'avoit fait traisner comme un chien qu'il
« estoit. »

Voilà dans quelles mains peuvent tomber les gloires d'une nation ! Un Bussi-Leclerc fait jeter à la voirie le corps d'un Palissy, et le monde d'applaudir, parce qu'à l'illustration du talent ce vieillard a l'impardonnable tort de joindre celle de la piété et du martyre.

On n'a point remarqué qu'enfermé dans les cachots de la Bastille en 1588, les trois dernières années du pauvre octogénaire furent perdues en ces tristes murs : c'est effectivement un long martyre, et parmi les victimes de la persécution, il serait difficile d'en trouver une plus pure, plus innocente et plus glorieuse.

Palissy était un de ces hommes dont un grand poète a dit :

> On les persécute, on les tue ;
> Sauf après un lent examen,
> A leur dresser une statue
> Pour la gloire du genre humain.

XVIII

ÉGLISE DE PARIS.

LES PLACARDS.

Nous remonterons à 1533 pour retracer les origines de l'Église de Paris; nous y avons laissé les lecteurs de l'Évangile épouvantés, sans être ébranlés par le supplice du courageux Louis de Berquin. La princesse Marguerite avait depuis lors fait, auprès de son frère, des efforts rarement couronnés de succès, pour obtenir plus de liberté et moins de persécution à la cause de la Réforme; elle-même avait cherché à dissiper les erreurs ou les abus, et avait composé dans cette intention un poëme intitulé : *le Miroir de l'Ame pécheresse.* Elle avait de plus obtenu la permission de faire admettre dans la chaire trois prédicateurs, aux tendances réformées : Gérard Roussel, Bertault et Courault, qui exposèrent les doctrines évangéliques pendant quelques mois, jusqu'à ce que les moines eussent dénoncé leur prédication au Parlement et obtenu leur emprisonnement; heureusement ils furent relâchés peu après, mais avec défense de prêcher. François Ier était alors en veine d'indulgence, peut-être parce que le plus fougueux persécuteur des protestants, Béda, ayant ouvertement prêché des doctrines séditieuses, venait d'être envoyé en exil au Mont-Saint-Michel, où il mourut.

Cette punition d'un homme dont la cruauté avait fait tant de mal, causa parmi les réformés autant de joie qu'elle leur donna d'espérances; il leur semblait que l'avenir allait s'ouvrir paisible et doux pour eux, quand de graves et regrettables imprudences vinrent les rejeter aux jours les plus néfastes qu'ils eussent encore vus.

Bien que Roussel et Courault ne pussent prêcher, ils guidaient avec prudence et sagesse leur petit troupeau ; mais pendant leur emprisonnement, quelques esprits inquiets avaient députe en Suisse un des leurs pour demander conseil aux Églises dont l'organisation était déjà régulière. Cet envoyé s'adressa à des pasteurs, qui, vivant dans des contrées presque entièrement gagnées à la Réforme, pouvaient y déployer un zèle ardent et y prêcher des doctrines que la prudence ordonnait de modérer, si l'on ne voulait tout compromettre à Paris ; ceux-ci conseillèrent de rompre ouvertement avec le catholicisme pour n'obéir qu'à l'Évangile ; et l'envoyé, se conformant à leurs avis, fit imprimer à Neuchâtel de petits livres et des affiches dites placards, contenant les attaques les plus violentes contre le culte catholique. A son retour, Courault et tous les hommes sages désapprouvèrent la publication de ces écrits, qui pouvaient exciter de nouvelles persécutions sans produire aucun bien réel. Mais ils ne furent point écoutés. Les placards furent affichés, les petits livres semés par les rues, et ce qui avait été prévu arriva de suite. L'irritation de la Sorbonne fut extrême ; le roi lui-même fut indigné d'en trouver un exemplaire collé sur la porte de sa chambre, et considéra cette offense comme un crime de lèse-majesté. Il est bien probable qu'une main perfide l'y avait attaché; mais quand on commet des fautes, on perd le droit de se plaindre, lorsqu'un ennemi s'en empare pour nous nuire.

François Ier ordonna l'immédiate arrestation de toute personne attachée au luthéranisme; il fut obéi avec un cruel empressement. Les prisons se remplirent de nobles, de bourgeois, d'étudiants, et (date qui fait frémir, car il semble que la cruauté aussi ait ses anniversaires néfastes) le 21 janvier 1535, le roi, suivi de ses trois fils, assista nu-tête, un cierge en main, à une magnifique procession, qui s'arrêta sur les six principales places de la ville pour y voir l'affreux spectacle de six malheureux prisonniers brûlés vifs, avec d'affreux raffinements, tandis que la procession faisait entendre des chants religieux.

Plusieurs autres victimes périrent les jours suivants, entre autres Estienne Delaforge, très riche marchand, à qui Calvin, dans son livre contre les libertins, rend un si beau témoignage, et dont Crespin dit : « Son bien
« ne fut oncques espargné aux povres; il

« avoit en singulière recommandation l'avan-
« cement de l'Évangile jusques à faire impri-
« mer à ses dépens les livres de la saincte
« Écriture, lesquels il advançoit et mesloit
« parmi les grandes aumônes qu'il faisoit;
« et ce, pour instruire les povres ignorans. »

Tout le résultat obtenu par cette imprudente et blâmable agression fut donc la mort de nombreuses et innocentes victimes, la fuite forcée des deux pasteurs du troupeau, Courault et Gérard Roussel, la dispersion momentanée des fidèles et la désolation de la pauvre Église naissante à Paris; et bientôt toute la France se ressentit de cette faute. Le roi fit paraître un édit plus sévère que tous ceux qui l'avaient précédé; y défendant, sous peine de mort, de donner asile aux hérétiques, et attribuant à leurs dénonciateurs le quart des amendes et des confiscations.

A dater de ce jour, les malheureux réformés ne jouirent plus d'aucun repos, tant que dura la vie du roi; la persécution put y être par moments moins active, mais ne cessa jamais entièrement. Nous avions déjà fait connaître les souffrances des réformés dans les provinces; il a fallu revenir en arrière pour raconter l'histoire de l'Église de Paris; et nous répéterons pour elle ce que nous avons dit pour la France entière : ni le fer, ni le feu, ni les persécutions de tout genre n'abattirent le courage et n'affaiblirent la foi des hommes qui avaient placé leur confiance dans le Christ.

XIX

L'ASSEMBLÉE SURPRISE. — EFFET DES BUCHERS SUR L'OPINION PUBLIQUE.

« *N'aie point honte du témoignage de notre Seigneur, ni de moi qui suis prisonnier à cause de lui, mais souffre avec moi pour l'Evangile, par la force que Dieu te donne.* »

Ainsi saint Paul écrivait à Timothée, ainsi les confesseurs, dans les prisons, encourageaient encore leurs frères. L'Église de Paris, épouvantée mais non vaincue par les persécutions, soutenait avec courage ses premières douleurs. Née dans l'angoisse comme toutes les autres, son sang scellait sa fidélité. L'impression d'horreur et de dégoût que les supplices ne manquaient jamais de produire, amenait toujours de nouveaux cœurs à l'Évangile, et les catholiques les plus fidèles étaient souvent loin d'approuver les cruautés de la Sorbonne ou du Parlement.

Ainsi le *Bulletin de l'Histoire du protestantisme* a publié une lettre fort intéressante écrite en latin par un jeune allemand catholique, Eustache de Knobelsdorf, et adressée au savant théologien Georges Cassander, également catholique. Knobelsdorf y raconte, avec les plus saisissants détails, l'atroce supplice qu'il vit souffrir à deux malheureux luthériens; et malgré la prudente réserve de sa lettre, on voit partout percer les secrets sentiments de son cœur. Lorsqu'il écrivit cette lettre, les malheurs qui fondirent sur la France, dans les dernières années du règne de François Ier, causaient au vieux monarque un redoublement de fureur persécutrice. Dans un de ses moments de terreur, il avait écrit au Parlement pour lui demander des prières, et, je laisse parler Knobelsdorf, ordonnant en même temps « *de faire exécuter, selon*
« *l'usage, les gens hétérodoxes qui se trouvaient*
« *détenus dans les prisons.* On se hâta d'ob-
« tempérer au vœu du roi, et après de nom-
« breuses processions, un service général fut

« célébré avec beaucoup de pompe par tout
« le clergé et tout le peuple. Des prédica-
« teurs furent chargés d'apprendre au peu-
« ple que le but principal de cette solennité
« était d'obtenir du ciel le succès des entre-
« prises du roi et le relèvement de l'Église
« romaine, très gravement menacée, et qu'en
« conséquence on brûlerait vifs, après la so-
« lennité, huit individus qui avaient mal
« parlé du siége apostolique.

« J'en ai vu brûler deux. Leur sort m'ins-
« pira des sentiments bien divers. Si vous
« y aviez été, vous auriez souhaité à ces in-
« fortunés un châtiment moins rigoureux.

« Le premier était un tout jeune homme,
« encore sans barbe, à peine un peu de du-
« vet lui avait poussé au menton. La plupart
« des assistants ne lui donnaient pas vingt
« ans; il était fils d'un cordonnier. L'autre
« était un vieillard plus que sexagénaire,
« déjà affaibli par l'âge, d'une figure véné-
« rable, avec une longue barbe blanche. Le
« jeune avait dit des choses mal sonnantes
« sur les images miraculeuses (ici on ne les
« vénère pas seulement, on accourt de toutes
« part pour les adorer). »

Quoique cette lettre, comme je l'ai dit, soit écrite par un catholique à un catholique; quoique ce qu'il raconte soit une page aussi belle, aussi touchante que tout ce que l'histoire des premiers martyrs nous peut raconter, je n'ai pas le courage de présenter à mes lecteurs le sublime spectacle de la douceur du jeune confesseur qu'il faudrait mettre en regard de cruautés dignes de bêtes féroces, et j'arriverai à la réflexion par laquelle Knobelsdorf termine ce qui concerne le jeune martyr : « En vérité, cher Cassander, je
« doute que les illustres philosophes qui ont
« tant écrit sur le mépris de la mort eussent
« supporté avec la même constance de si
« cruels tourments, tant cet adolescent pa-
« raissait élevé au-dessus de ce qui est de
« l'homme. »

« Le sort du vieillard, continue-t-il, fut
« un peu plus doux, mais me révolta beau-
« coup plus. C'était un bourgeois de Paris,
« père d'une nombreuse famille, estimé à
« cause de sa vie honnête. Ayant tenu quel-
« ques propos trop libres contre les moines
« au sujet de l'invocation des saints (car ici
« il faut être sur ses gardes), et ayant dit que

« tous les chrétiens sont prêtres, il fut con-
« vaincu par des témoins et jeté en prison.
« Attaqué là par des théologiens, il fut aisé-
« ment réduit au silence; il ne savait pas
« discuter. Il avoua son erreur et déclara
« qu'il se repentait. Ce triomphe vint fort à
« propos pour le clergé, car de telles gens
« donnent souvent beaucoup de besogne,
« même à nos docteurs les plus fameux. On
« exhorta le vieillard à persévérer dans ses
« sentiments de pénitence et on lui dit qu'il
« mourrait ainsi en chrétien, tandis que s'il
« ne s'était point rétracté, il serait mort en
« luthérien. Il fut lié par le bourreau et placé
« sur une charrette, à côté de deux jeunes
« gens qui furent attachés à lui, revêtus de
« chemises blanches et portant dans leurs
« mains des torches ardentes. Ils avaient en-
« tendu le vieillard parler contre les moines
« et ne l'avaient point dénoncé : c'était là
« leur crime. Conduits avec le vieillard à
« l'église Notre-Dame, ils y obtinrent leur
« pardon; le vieillard y dut, de nouveau, se
« rétracter en invoquant la sainte Vierge. De
« là il fut mené au gibet, où il répéta tout
« ce qu'il avait rétracté, et qu'il n'avait rien

« de commun avec Luther. En conséquence,
« il fut subitement étranglé, puis jeté, demi-
« mort, dans les flammes. Beaucoup d'assis-
« tants jugeaient cette peine trop douce; ils
« auraient voulu voir le vieillard brûlé vif.
« S'ils m'avaient interrogé, ils auraient trouvé
« en moi des sentiments tout-à-fait opposés.
« Qu'y a-t-il, en effet, de plus indigne que de
« livrer un homme au feu pour une erreur
« qu'il ne défend pas obstinément? Les saints
« Pères eux-mêmes n'ont-ils pas dit que
« l'hérésie consistait dans l'opiniâtreté. Ce
« vieillard fut brûlé quelques jours après le
« départ de Cornélius. J'apprends que le
« même sort attend des victimes innombra-
« bles. Prions Dieu pour que ces gens se
« convertissent s'ils sont dans l'erreur. Si,
« au contraire, ils ont raison, Dieu veuille
« leur donner de combattre intrépidement ;
« mais en voilà plus qu'assez, il faut que je
« m'arrête. Veuillez lire dans des sentiments
« d'indulgence et d'amitié ce récit fait à la
« hâte. — 10 juillet 1542 (1). »

Certes, si une telle lettre fût tombée aux

(1) *Bulletin*, année 1858, p. 425.

mains des moines et des docteurs de Sorbonne, elle eût suffi pour envoyer son auteur au bûcher. Elle peint les mœurs du temps, et montre qu'il fallait faire violence aux cœurs pour les entretenir dans les idées des siècles de barbarie; elle montre aussi tout ce qu'on doit à l'Évangile, qui a ouvert les yeux au monde sur le mérite de tels moyens de conversion; elle montre enfin combien cet Évangile transformait en un instant les victimes et les faisait, devançant les temps, devenir douces, calmes, résignées et patientes au milieu d'un monde cruel.

Quelle leçon pour nous qui savons si peu pardonner dans un siècle où la persécution n'existe plus, qui avons tant de peine à pardonner même le passé, à pardonner même à nos frères en Christ, à pardonner même pour rester unis entre nous! Nous ne savons plus ni souffrir, ni supporter. Que nous sommes loin de ce jeune homme qui, « lorsque le « bourreau eut couvert sa tête de soufre et « lui eut montré le feu d'un air menaçant, « sans s'effrayer, fit comprendre par un mou- « vement de son corps (car l'infortuné avait

« été mis hors d'état de parler), qu'il se lais-
« sait brûler volontiers. (1) »

Laroche, Roussel et Courault avaient ainsi enseigné ces petits troupeaux disséminés dans Paris, et tels étaient les fruits de leur prédication, les fruits de la mort de Pavannes, de Berquin et de tant d'autres !

Cependant il n'était plus possible de professer ouvertement le culte de l'Évangile : tout se passait dans l'ombre et le secret.

« *Nous avons esté longtemps cachés en nos maisons privées, aux bois et aux cavernes, et nous a souvent la nuit couverts aux cachettes,* » dit un historien de ce temps. Mais toutes les précautions ne pouvaient empêcher la délation ou la surveillance de faire saisir de temps à autre quelque pauvre réformé; de même que la persécution n'empêchait point les Églises de devenir chaque jour plus considérables.

Le troupeau protestant s'était grossi d'un grand nombre de familles arrivées à Paris avec l'espoir d'y cacher leur vie et d'y pou-

(1) Même lettre de Knobelsdorf.

voir servir Dieu sans être, comme en province, en but aux poursuites de leurs ennemis. Il était composé de petits groupes qui s'assemblaient sous la présidence d'un ministre, quand par bonheur il s'en trouvait un, sous celle d'un laïque, quand le danger trop grand avait forcé le pasteur de rester caché en quelque retraite ignorée, ou de s'éloigner. Cet état dura jusqu'en 1555. A cette époque, la nécessité de se réunir et d'organiser une Église étant généralement reconnue, on passa par-dessus le péril qui pouvait s'en suivre. Une assemblée de prières se faisait chez un gentilhomme du Maine, le sieur de La Ferrière, retiré à Paris aux environs du Pré-aux-Clercs. Cette assemblée, se réglant dans sa nécessité sur les usages de la primitive Église, demanda à Dieu des lumières pour guider son choix, et prit pour ministre un jeune homme de vingt-deux ans, Jean Lemaçon, connu depuis sous le nom de La Rivière, et suivant les indications fournies par l'Évangile sur l'organisation des premières Églises, elle nomma son Consistoire, composé d'anciens ou surveillants et de diacres : les premiers devant s'occuper à veiller sur le troupeau, les seconds pour recueillir et distribuer les secours aux pauvres, aux malades et aux prisonniers : cette belle organisation subsiste encore dans l'Église de Paris.

Les réformés de Meaux avaient déjà, depuis 1546, élu de la même manière leur pasteur, Pierre Leclerc, et organisé leur Église sur le modèle de celle établie à Strasbourg par Calvin, dès 1538 ; ils en avaient également adopté la discipline.

Pendant les deux premières années de son établissement, l'Église de Paris parut jouir de quelque calme, qui lui permit de s'étendre et de s'organiser. On crut pouvoir se relâcher des précautions accoutumées et se réunir sans garder toutes les mesures de prudence commandées par l'expérience du passé ; mais on vit bientôt combien ces espérances étaient trompeuses. On put reconnaître que si l'attention du roi Henri II avait été détournée pendant un temps par la guerre, son esprit était toujours aussi hostile à la Réforme.

Ce calme trompeur enhardissant les réformés, ils rendirent leurs réunions moins secrètes, plus fréquentes et plus nombreuses :

L'ASSEMBLÉE SURPRISE.—EFFET DES BUCHERS. 235

à ce point qu'un jour de triste souvenir, le 4 septembre 1557, près de 400 personnes se réunirent dans une maison de la rue Saint-Jacques pour y célébrer la sainte Cène; quelques prêtres de la Sorbonne ayant découvert l'assemblée, ameutèrent le peuple, qui assiégea la maison; une partie des hommes put s'échapper l'épée à la main, mais la populace eût massacré le reste, sans l'arrivée du procureur du roi au Châtelet, suivi de troupes. Celui-ci ayant interrogé les réformés, ne put retenir des larmes de compassion; il dut cependant faire garrotter les hommes deux à deux; les femmes, au nombre d'environ 140, furent également prises, et tous conduits en prison, accablés de coups, abreuvés d'outrage par cette sauvage populace qui les suivait le long des rues, leur arrachant les cheveux et les vêtements. Ces pauvres victimes arrivèrent au Châtelet couvertes de sang et de boue. Enfermés en prison, les plus âgés exhortèrent leurs frères: la résignation et le courage remplirent les cœurs; les saintes prières, les invocations, le chant des Psaumes retentirent bientôt et purifièrent les murs souillés de ces cachots.

Comme les ennemis de la Réforme faisaient courir sur ces assemblées les bruits les plus infâmes, les protestants sentirent qu'il fallait éclairer le peuple, trompé par ces ignobles calomnies. Deux écrits furent donc lancés dans le public; « et l'un, dit Crespin, « fut d'un fruict inestimable et osta à beau-« coup de gens la mauvaise opinion qu'ils « avaient des assemblées, et incita même les « autres à faire plus de diligentes enquêtes « de la vraye doctrine. »

Nous le dirons en passant, puisque nous en trouvons l'occasion : Si nous voyons avec horreur les bûchers employés comme moyen de rappeler les peuples à Dieu ou de défendre sa cause, nous ne voyons pas avec moins de répulsion et de dégoût l'habitude, on peut le dire consacrée, d'employer le mensonge et la calomnie comme une arme permise, utile, recommandée contre les protestants. C'est un moyen qui, plus tard, peut retomber en honte sur les calomniateurs; mais cependant ceux-ci, fidèles à un précepte célèbre, espèrent généralement qu'il en restera quelque chose.

Loué soit Dieu de ce que nous ne nous

croyons pas le mensonge permis contre nos ennemis, de ce que nous ne connaissons pas les fraudes pieuses, de ce que nous ne disons point que la fin couvre les moyens!

Cependant on instruisait en hâte le procès des pauvres prisonniers. Les premiers amenés devant un tribunal extraordinaire furent un vieillard de soixante ans, nommé Clinet, qui fut condamné à mort, puis Taurin-Gravelle, de Dreux, qui, comme Clinet, était un des anciens de l'Église; et la troisième personne était une jeune veuve de vingt-trois ans, la demoiselle Philippe de Luns, qui avait récemment perdu son mari, le seigneur de Graveron, autre ancien ou surveillant. Elle était belle et riche, « se monstrant, dit de « Bèze, si admirable en saincteté de vie, « qu'elle estoit exemple à un chacun, estant « sa maison tousjours ouverte à l'assemblée « du Seigneur. »

Cette jeune femme étonna ses juges par son courage, sa douceur et sa connaissance de la vérité évangélique; mais, par un endurcissement qui révolte la pensée, les juges se montraient d'autant plus sévères que la vertu de l'accusée paraissait plus grande. Les trois réformés furent donc condamnés au feu, avec la mutilation ordinaire pour prévenir les discours. La jeune dame souffrit cette cruelle épreuve sans que son visage parût même altéré par la souffrance ; et tous les trois moururent avec la plus admirable constance. Quelques jours plus tard, deux autres souffrirent de même la mort, et dans leurs bûchers on jeta plusieurs Bibles et Nouveaux Testaments. Quelques autres condamnations suivirent encore ; et le procès de tous allait se faire, quand les événements amenèrent quelques variations dans la politique du roi. Les instances des ambassadeurs suisses et allemands, qu'il fallait ménager, l'obligèrent malgré lui à suspendre les procédures ; et, pour la plupart des captifs, un emprisonnement plus ou moins long remplaça le bûcher.

C'est dans les historiens catholiques qu'il est bon de lire l'impression produite par ces cruautés. Tout en atténuant le plus possible la vérité et en refusant aux protestants tout droit à la justice, il est des sentiments qui leur échappent malgré eux ; et souvent ils sont forcés de partager, en la racontant, la répulsion générale. Voici, par exemple, comment Florimond de Rœmond, qui déverse autant qu'il le peut le ridicule et la honte sur les réformés, s'exprime à cette occasion ; cette citation complétera ce portrait des protestants, que le même Florimond de Rœmond nous a fourni. Il est bon de faire remarquer que cet écrivain, après avoir embrassé le protestantisme, l'abandonna et le poursuivit avec acharnement. Nul plus que lui, par conséquent, ne pouvait parler de la vie intérieure de ses anciens frères avec connaissance de cause :

« J'ai souvent ouï faire le récit à un bon
« père que j'avois, bon s'il en fut jamais, et
« homme fort catholique et craignant Dieu,
« qui, ayant veu brûler en sa jeunesse un
« régent sur la rivière de la ville d'Agen,
« nommé Vindocin, et lui et plusieurs autres
« restèrent tous éperdus d'un tel spectacle,
« non jamais veu en cette ville-là, ne pou-
« vant croire que celui qui, mourant, ne
« parloit que de Jésus-Christ, n'invoquait
« que Jésus-Christ, ne fût condamné à tort.
« Il me souvient que quand Anne Du Bourg,
« conseiller au Parlement de Paris, fut brûlé,

« tout Paris s'étonna de la constance de cet
« homme. Nous fondions en larmes, dans nos
« colléges, au retour de ce supplice, et plai-
« dions sa cause après son décès, maudissant
« ses juges injustes, qui l'avoient justement
« condamné. Son prêche en la potence et sur
« le bûcher fit plus de mal que cent ministres
« n'eussent su faire (1). »

Le duc de Wurtemberg, vivement sollicité par Calvin, écrivit avec force au roi Henri II en faveur des réformés, et cette intervention jointe à celle des cantons suisses et des princes et grands personnages allemands dont nous avons fait mention plus haut, procura aux Églises quelques instants de repos, dont elles profitèrent avec ardeur pour travailler à s'organiser, et pendant lesquels elle s'accrurent de tous côtés.

(1) Florimond, VII, 865.

XX

LE CHANT DES PSAUMES AU PRÉ-AUX-CLERCS.

Après tant de récits affligeants, et qu'il vaudrait mieux ensevelir dans l'ombre, si les nobles vertus de nos ancêtres ne venaient éclairer ces tristes tableaux, il sera doux d'avoir à raconter une scène touchante dans laquelle, grâces à Dieu, le sang n'a pas été versé. Elle fera connaître les tendances de la France à cette époque, et montrera combien la société se sentait attirée par les mœurs pieuses et les aspirations élevées de la religion évangélique.

Le Pré-aux-Clercs, qui, suivant son nom, était la promenade habituelle des clercs et des écoliers de l'Université, s'étendait sur la rive gauche de la Seine, en face des Tuileries.

A cette époque, outre les jeunes gens, la haute société s'y rendait pendant les soirées de la belle saison.

Quelques écoliers s'y réunirent pour s'amuser le soir, au printemps de l'année 1558, à chanter les Psaumes récemment mis en musique. Le charme de ces jeunes voix, répétant ces grandes mélodies sacrées, dont le style et la simplicité étaient chose si nouvelle, attira bientôt de nombreux auditeurs. D'abord ce furent d'autres écoliers qui, se joignant aux premiers, grossirent le chœur, puis une foule nombreuse de personnes tenant à la haute société, et même à la cour (1).

Les traductions des Psaumes, qu'avait fait Marot, étaient très répandues parmi les catholiques, malgré les défenses de la Sorbonne. Il faut dire que ces Psaumes avaient d'abord été tellement goûtés que, par l'ordre de François Ier, l'auteur les présenta à Charles V, lors de son passage à Paris. « Ce prince, dit un
« écrivain contemporain, receut bénignement
« la dicte translation, la prisa et par paroles,
« et par présent de deux cens doublons qu'il

---

(1) Crespin, liv. VII, p. 439.

« donna audict Marot, lui donnant aussi cou-
« rage d'achever de traduire le reste desdicts
« Psalmes.... Quoi voyans et entendans les
« musiciens de ces deux princes, voire ceux
« de nostre France meirent à qui mieux
« mieux lesdits Psalmes en musique et chacun
« les chantoit. (2) »

La Sorbonne condamna ces Psaumes en 1531, et peu après, en 1541, le pape en autorisa l'impression à Rome même, et plus tard, en 1561, la Sorbonne, à son tour, les permit, tant ces décisions étaient prises *ab irato,* et sans raisons ou principes fixes. A l'époque des chants au Pré-aux-Clercs, on était encore dans la période des rigueurs, « motivées, dit
« l'abbé Lenglet-Dufresnoy, sur ce que cela
« donnait au peuple la connaissance des Livres
« saincts, qu'on avait grand soin d'interdire
« alors au commun des fidelles. »

Pour donner à nos lecteurs un exemple de ces Psaumes, peu connus aujourd'hui, nous en citerons un, pris à peu près au hasard, et l'on pourra juger que ce langage ancien avait aussi sa grandeur et sa beauté.

(2) Lettre de Willemadon à Catherine de Médicis, 26 août 1559.

1.

O nostre Dieu et Seigneur amiable,
Combien ton nom est grand et admirable,
Par tout ce val terrestre spacieux
Qui ta puissance eslève sur les cieux.

2.

En tout se voit ta grand'vertu parfaite,
Jusqu'à la bouche aux enfants qu'on alaite :
Et rends par là confus et abattu
Ton ennemi, qui nie ta vertu.

3.

Mais quand je voy et contemple en courage
Tes cieux qui sont de tes doigts haut ouvrage
Estoiles, lune, et signes différents
Que tu as faits, et assis en leur rengs.

4.

A donc je dy à part moi (ainsi comme,
Tout esbahy) et qu'est-ce que de l'homme ?
D'avoir daigné de lui te souvenir,
Et de vouloir en ton soing le tenir.

5.

Tu l'as fait tel que plus il ne luy reste,
Fors estre Dieu : car tu l'as quant au reste,
Abondamment de gloire environné,
Remply d'honneurs et de biens couronné.

6.

Régner le fais sur les œuvres tant belles
De tes deux mains, comme Seigneur d'icelles.
Tu as de vray sans quelque exception
Mis sous ses pieds tout en subjection.

LE CHANT DES PSAUMES AU PRÉ-AUX-CLERCS. 245

7.

Brebis et bœufs, et leurs peaux, et leurs laines,
Tous les troupeaux des hauts monts et des plaines :
En général toutes bestes cherchans
A pasturer par les bois et les champs.

8.

Oyseaux de l'air, qui volent et qui chantent,
Poissons de mer, ceux qui nagent et hantent
Par les sentiers de mer, grans et petis
Tu les a tous à l'homme assubjectis.

9.

O nostre Dieu et Seigneur amiable,
Comme à bon droit est grand et admirable
L'excellent bruit de ton nom précieux,
Par tout ce val terrestre spacieux.

Ainsi chantaient ces jeunes gens, élevant leurs cœurs à Dieu. Chaque soir la réunion s'accroissait de quelques nouvelles voix. Devenus l'objet de l'attention générale, ils prirent plaisir, pour mieux se faire entendre de la foule, et faire mieux monter au ciel leurs pieux accents, à marcher processionnellement, en faisant le tour de cette vaste promenade qui s'étendait à peu près sur tout l'espace compris aujourd'hui entre la rue de Seine et l'Hôtel des Invalides. Tous les points élevés, tous les murs environnants se couvraient de curieux qui voulaient jouir de ce spectacle, ouïr et voir. Le roi de Navarre y vint suivi de seigneurs français et étrangers. Cette petite cour prit la tête du cortége et fit plusieurs fois avec lui le tour du Pré-aux-Clercs. Cette marche se répéta plusieurs soirs de suite, et le peuple, comme on le conçoit aisément, accourut chaque soir plus nombreux, enchanté d'un spectacle si nouveau pour lui. C'était une instruction bien différente de celle qu'on lui donnait en lui faisant suivre de place en place les malheureux condamnés à périr dans les flammes, et cette fois les chants sacrés ne servaient point à couvrir les pleurs ou à étouffer les prières.

Comme il ne naît que du bien des choses bonnes, aucun désordre ne vint troubler ces innocentes réunions ; les chants n'inspiraient que paix et piété. Plût à Dieu que dès-lors on les eût fait entrer dans les plaisirs du peuple. Mais par malheur, l'envie et la haine veillaient, et le roi fut supplié de mettre un terme à ces *inquiétantes démonstrations*. Il fit donc défendre ces chants et déclarer rebelles tous ceux qui se rendraient au Pré-aux-Clercs dans le but de les continuer, donnant en outre ordre au garde-des-sceaux d'informer contre ceux qui avaient assisté à ces réunions.

Mais si la Sorbonne, cette Inquisition au petit pied, avait toute la violence de sa sœur aînée, elle n'avait, Dieu merci, point sa toute-puissance, et souvent les magistrats arrachaient de ses mains les innocents qu'elle voulait atteindre. C'est ce qui arriva cette fois : on arrêta nombre de chanteurs et l'on informa contre eux ; toutefois, au grand dépit des moines, il fut impossible de reprocher aux accusés d'autre crime que d'avoir chanté en français ce que ces moines chantaient en latin, et comme les Psaumes de Marot n'étaient point défendus, il fallut bien relâcher les prisonniers.

Cependant le faible roi, dont on irritait aisément les colères par de perfides insinuations, fit tomber sa sévérité sur l'un de ses plus fidèles serviteurs, sur le brave général d'Andelot, frère aîné de Coligny ; on l'appelait généralement le Chevalier sans peur. Il n'avait point pris part aux chants, mais on était heureux de saisir ce prétexte pour châtier un homme illustre et puissant qui avait protégé la Réforme en Bretagne. Il fut donc arrêté et envoyé dans les prisons du château de Melun, au grand deuil de l'Eglise de Paris et de toutes les Églises de France.

Il montra dans sa captivité un courage héroïque. Tous les ministres de Paris et Calvin lui-même le soutenaient par leurs lettres; ainsi ce dernier lui écrivait : « Depuis avoir
« receu vos lettres, j'ay aussi entendu les
« tristes nouvelles de ce qui se machinoit
« contre vous..... Mais, quoy qu'il en soit,
« nous avons à nous consoler en glorifiant
« Dieu de ce qu'il continue à vous tenir la
« main forte... Par quoy si les hommes mur-
« murent contre vous, c'est bien assez que
« vous serez absouts d'en hault. (1) »

Le cardinal de Guise, qui sous main dirigeait cette persécution, fut effrayé des conséquences que pourrait avoir la fidélité de d'Andelot. Si la mort courageuse d'hommes obscurs avait fait germer partout l'Évangile, que serait-ce de l'exemple donné par un des plus grands seigneurs et des plus estimés? On résolut d'agir par ruse; et se servant des

---

(1) Crottet, Appendice, lettre de Calvin, n° 107 des Manuscrits de la bibliothèque de Genève.

terreurs et des larmes de sa femme, on obtint de d'Andelot, pour prix de sa liberté, qu'il consentirait à laisser célébrer une messe en sa présence sans qu'on lui demandât d'abjuration.

Il ne comprit la portée de ce compromis que par le scandale qu'il causa dans l'Église de Paris, et par les sévères reproches de Calvin. Alors il reconnut sa faute et s'attacha à la réparer en donnant constamment des preuves publiques de son attachement à la Réforme, obéissant fidèlement au conseil que lui donnait Calvin dans une lettre où il lui expliquait l'importance de son action :

« Je vous prie de vous desplaire tellement
« au mal qui est jà commis, que pour le
« réparer vous rentriez au train que vous
« aviez bien commencé, mettant peine de
« glorifier Dieu purement. (1) »

(1) Crottet, Appendice, lettre de Calvin, n° 47.

XXI

LE SYNODE DE 1559.

L'année 1558 se terminait; la position des Églises devenait, malgré l'oppression, de plus en plus forte; les puissantes exhortations de Calvin allaient porter de tous côtés l'esprit d'ordre, le courage, la volonté de persévérer malgré le danger. Les timides, les indécis sentaient leurs convictions s'assurer, et se rangeaient plus complétement sous la bannière de l'Évangile.

Le roi de Navarre, par exemple, longtemps incertain et flottant, découvrant que son chapelain, gagné par les présents perfides des cardinaux de Bourbon et de Lorraine, travaillait secrètement à troubler sa conscience et à l'éloigner de la Réforme, le chassa de sa cour et le remplaça par le pieux Simon Brossier, le fondateur des Églises de Bourges, d'Issoudun et de Tours. Dès-lors la protection du roi fut assurée aux Églises du Béarn et de la Guienne. Celles du Poitou prospéraient; celle d'Orléans était assez nombreuse pour fonder des écoles et préparer de jeunes élèves pour le saint ministère.

C'est à cette époque que l'idée de réunir les Églises par une confession de foi et une discipline communes commença à germer.

Antoine de Chandieu, obligé de s'éloigner pour avoir publié un des écrits justificatifs de la Réforme, dont nous avons parlé plus haut, avait été chargé par l'Église de Paris d'une mission auprès de celle de Poitiers. Il y arriva au moment où l'on célébrait la sainte Cène. Cette pieuse cérémonie avait attiré de nombreux fidèles, parmi lesquels se trouvaient beaucoup de ministres des environs. Chacun d'eux, dans une conférence où Chandieu fut invité, rendit compte de l'enseignement qu'il donnait, et de l'ordre qu'il tâchait de faire régner dans son troupeau. Ces communications intéressantes amenèrent les pensées sur le bien qui résulterait pour toutes les Églises, si elles se réunissaient pour posséder le même Symbole et se soumettaient à une discipline uniforme, assez forte pour prévenir les divisions et faire cesser les dissentiments qui ne manqueraient point, tôt ou tard, de naître parmi des Églises isolées. Les avantages d'une telle union étaient si frappants, et les cœurs, alors sous le coup de dures épreuves qui les menaçaient sans cesse, étaient si disposés à s'ouvrir les uns aux autres, qu'un tel projet fut accueilli par un assentiment unanime.

Chandieu fut prié de faire auprès de l'Église de Paris tous les efforts possibles pour que cette proposition réussît, et partit convaincu du grand intérêt qu'avaient toutes les Églises à la voir mise à exécution.

Il n'eut point de peine à réussir dans cette mission : l'intérêt était évident, la vérité parlait avec lui ; rien ne pouvait être plus désirable et plus avantageux que l'union dans la foi, la communauté dans la discipline. Une seule raison pouvait s'y opposer, c'était le grand danger que courraient les hommes zélés qui prendraient part à cette assemblée ; mais en ces temps on ne tenait nul compte d'un tel obstacle malgré la réalité et l'imminence du péril.

Le Synode national fut donc décidé, et des envoyés portèrent à toutes les Églises la demande d'y prendre part ; les réponses furent favorables et l'assentiment général. Paris fut choisi pour lieu de réunion du Synode. On espérait qu'il pourrait s'y tenir secrètement au milieu du mouvement incessant de l'immense population, sans courir autant de dangers que dans une ville de province ; mais on stipula expressément qu'à cette raison seule devait être rapporté ce choix, et qu'aucune supériorité ne devait s'en suivre, toutes les Églises étant égales entre elles. Chacune devait envoyer ses députés, tant ministres, qu'anciens, et l'époque de la réunion fut fixée aux derniers jours du mois de mai 1559.

Lorsque la Commission nommée pour s'occuper de la célébration du Jubilé commença ses fonctions, son premier soin dut être de chercher quelle avait été la véritable date de la réunion du Synode. L'opinion commune la rapportait au 25 de mai. M. de Félice,

dans son *Histoire des protestants de France* (1), adopte cette date. M. Crottet, dans sa *Chronique protestante,* l'accepte également (2); et cependant, en remontant aux seules autorités incontestables, à Crespin et à de Bèze, on trouve que la date du 26 pour le commencement et du 28 pour la fin sont les seules assurées. C'est d'après l'*Histoire des Synodes,* d'Aymon, que la date du 25 a été accueillie par divers auteurs; mais outre le peu d'exactitude de cet écrivain, peut-on accorder plus de confiance à un ouvrage publié en 1710, qu'à deux auteurs contemporains aussi fidèles, aussi exacts que Crespin et Bèze. Nous savons bien que les deux opinions peuvent se concilier, car il est probable que le Synode a eu plus de trois réunions, mais rien ne prouve qu'on ait commencé le 25 et terminé le 29, tandis que Bèze dit positivement que :
« Le vingt-sixième de may au dict an MDLIX,
« s'assemblèrent à Paris les députés de toutes
« les Églises de France. »

(1) De Félice, p. 81.
(2) Crottet, p. 188.

Et le grand acte du Synode, la Confession de foi, suivie de la discipline, est datée du 28 *may MDLIX, du règne du roy Henry l'an XIII.*

Ce sont donc ces deux dates bien authentiques qui ont été adoptées par la Commission, et voici les propres paroles de Théodore de Bèze, qu'il est bon de citer dans leur entier sur un fait aussi important :

« Or quelques difficultés qui se présen-
« tassent de toutes parts contre les povres
« fidèles, tant s'en falut pour cela, qu'ils
« perdissent courage, qu'au contraire ce fut
« en ce temps, que Dieu par sa singulière
« grâce inspira toutes les Églises chres-
« tiennes dressées en France de s'assembler
« pour s'accorder en unité de doctrine et de
« discipline conformément à la Parole de
« Dieu. Lors donc, à savoir le vingt-sixième
« de may au dict an MDLIX s'assemblèrent
« à Paris les députés de toutes les Églises
« establies jusqu'alors en France. Et là, d'un
« commun accord fut escrite la Confession
« de foy, ensemble fut dressée la discipline
« ecclésiastique au plus près de l'Institution
« des apôtres, et selon que la circonstance

« des temps le portait alors. Chose vrayement
« conduite par l'Esprit de Dieu pour main-
« tenir l'union qui a toujours persévéré de-
« puis. (1) »

Ce Synode fut présidé par François de Morel, plus connu sous le nom de M. de Collonge, l'un des pasteurs de Paris; il tint ses séances au faubourg de Saint-Germain-des-Prés, dans la petite rue des Marais, qui subsiste encore ; peut-être dans la maison d'un nommé Le Vicomte, « qui, dit de Bèze, retirait
« coutumièrement les allans et venans de la
« religion et principalement ceux qui ve-
« naient de Genève et d'Allemagne, en la
« maison duquel se faisaient souvent de
« grandes assemblées. (2) »

Il eut été bien à désirer que l'on pût retrouver les noms de tous les membres du Synode, ou du moins de toutes les Églises qu'ils y représentaient. Malheureusement il n'en est point ainsi; le seul document que nous possédions, et qui nomme quelques-unes de ces Églises, se trouve dans Aymon, sous ce titre :

---

(1) De Bèze, liv. II, p. 172.
(2) De Bèze, p. 231.

Faits spéciaux proposés et décidés au susdit Synode national de Paris, les jours et an que dessus, c'est-à-dire le 28 mai.

Ces faits spéciaux sont autant de questions posées par les ministres de diverses Églises, et c'est ainsi que nous savons que Dieppe, Angers, Châtellerault, Poitiers, Saint-Jean-d'Angély, Orléans, Marennes, Saintes, Saint-Lô, Tours et Paris y eurent leurs députés. La Normandie, en outre, est mentionnée comme province. Nous n'avons que onze ou douze noms, tandis qu'on en devrait compter un nombre considérable.

Nous n'avons non plus aucun renseignement sur les travaux de l'assemblée. Tout se résume pour nous dans l'important accomplissement de la tâche qui la réunissait : la rédaction de la Confession. M. Crottet (1) a fait cependant une découverte de la plus haute importance : c'est une lettre de Théodore de Bèze, adressée aux fidèles de l'É...
cette lettre annon...
d'une Confession d...
recevoir avant l'ouv...

(1) *Chronique protestante,* p.

rend plus aisé à comprendre la rédaction e
l'acceptation si rapide des quarante articles d
la Confession de 1559 (1).

Si ce fait, qui semble probable, était confirmé par des découvertes ultérieures, il serai honorable pour la mémoire de Théodore d Bèze ; car, à quelque opinion que l'on appartienne en matière de confession de foi, on es obligé de convenir, ainsi que l'a fait si justement observer l'auteur d'une excellente notic sur la Confession de 1559 (2), qu'il faut qu'u tel acte ait été rédigé avec une bien grand sagesse pour avoir été lu dans vingt-neu Synodes pendant cent et un ans, sans éprouve d'autre changement que celui de cinq mot sans importance remplacés par cinq autre exprimant plus clairement la pensée. Ainsi *unité* par *union, paisiblement* par *paisible,* etc

Ces changements furent décidés dans l septième Synode, tenu à La Rochelle en 1571,

---

(1) Cette confession de foi, en trente-quatre articles, que d Bèze composa en français et fit paraître en latin l'année suivante 1560, présente, dit M. Crottet, des rapports avec celle adoptée dan c Synode de 1559.

) Notice de M. Lutteroth.

et présidé par Théodore de Bèze le 2 août et jours suivants. En outre, comme on s'était aperçu que la première Confession avait été réimprimée de diverses manières, et par conséquent altérée, les résolutions suivantes furent adoptées par l'assemblée de La Rochelle (1) :

« 1° D'autant que notre Confession de foi
« est imprimée de différentes manières, le
« Synode déclare que celle-là est la véritable
« Confession de foi des Églises réformées de
« France, qui commence par ces paroles :
« *Nous croyons qu'il n'y a qu'un seul Dieu,* la-
« quelle Confession de foi a été dressée au
« premier Synode national tenu à Paris le 25
« mai de l'an 1559 (2).

« ..... IV. Finalement après que la lecture
« de la Confession de foi a été achevée, on a
« résolu que, sans y rien ajouter, trois copies
« en seront faites en parchemin, dont l'une
« sera gardée en cette ville de La Rochelle,
« l'autre en Béarn, la troisième à Genève, et
« qu'elles seront toutes trois signées par les

(1) Aymon, *Histoire des Synodes.*
(2) C'est l'une des deux occasions où la date du 25 est rapportée par Aymon.

« ministres et anciens de ce royaume, au nom
« de toutes les Églises, comme aussi qu'on
« suppliera la reine de Navarre et MM. les
« princes de Navarre et de Condé, et les au-
« tres seigneurs de les signer. (1) »

---

(1) L'exemplaire envoyé à Genève y existe toujours, précieusement conservé aux archives de l'État ; en voici la description, que d'obligeants amis ont bien voulu faire sur place pour moi.

C'est une feuille de parchemin de 50 à 60 cent. de long sur 25 ou 30 de large.

Les 40 articles de la Confession sont très bien calligraphiés en belle écriture fine, claire et serrée. Le texte est placé sur trois colonnes, et l'on remarque aisément le soin, l'ordre et l'importance qui furent mis à l'exécution de ce précieux document, aujourd'hui parfaitement conservé. Il n'a point été possible de déchiffrer complétement les signatures. Voici cependant toutes les plus importantes, dans l'ordre et dans la place qu'elles occupent :

HENRY.

JEHANNE.

THÉODORE DE BÈZE, p' conduire le Synode.
CHANDIEU, p' la Bourgogne.
JEAN LEG.... (1), p' Picardie.
PAYAU, p' Languedoc.
DUMOULIN, p' Poitou.
ARNAUD RANC (2), dit LA SOURCE, p' Quercy, Rouargue, &c.

HENRY DE BOURBON.
LOUIS DE CHASTILLON.
LOUIS DE NASSAU.

RAYMON, diacre.
MARTIN, diacre.

(1-2) Signatures peu lisibles.

XXII

LA CONFESSION ET LA DISCIPLINE.

Il était évident, par tout ce qui vient d'être dit, que la Confession que nous allons transcrire, d'après Crespin, est exactement celle qui fut adoptée dans le Synode de 1559. En outre, la déclaration de celui de La Rochelle nous a mis à même de reconnaître que le texte que Crespin donne est parfaitement exact, puisque même dans trois éditions postérieures aux changements ordonnés par ce Synode de 1571 on a scrupuleusement conservé le premier texte de 1559, sans y faire ces corrections.

Confession de foy des Églises réformées du royavme de France.

Article I. Nous croyons et confessons qu'il y a vn seul Dieu, qui est une seule et simple essence spirituelle, éternelle, inuisible, immuable, infinie, incompréhensible, ineffable, qui peut toutes choses, qui est toute sage, toute bonne, toute iuste et toute miséricordieuse.

II. Ce Dieu se manifeste tel aux hommes premierement par ses œuvres : tant par la création que par la conscruation, et conduite d'icelles. Secondement et plus clairement par sa Parolle, laquelle au commencement reuelee par oracle, a esté puis après redigee par escrit és liures que nous appelons Escriture saincte.

III. Toute ceste Escriture saincte est comprise és liures canoniques du vieil et nouueau Testament : desquels le nombre ensuit. Les cinq liures de Moyse : sauoir est, Genese, Exode, Leuitique, Nombres, Deutéronome. *Item*, Josué, Juges, Ruth, le premier et second liures de Samuel, premier et second liures des Rois, premier et second liures des Chroniques, autrement dit Paralipomenon, le premier liure d'Esdras. *Item*, Nehemie, le liure d'Ester, Job, Pseaumes de Dauid, Proverbes, ou sentences de Salomon, le liure de l'Ecclésiaste, dit Prescheur, Cantique de Salomon. *Item*, les liures d'Esaie, Jeremie, Lamentations de Jeremie, Ezechiel, Daniel, Osée, Joel, Amos, Abdias, Jonas, Michée, Nahum, Abacuc, Sophonie, Aggée, Zacharie, Malachie. *Item*, le saint Évangile selon sainct

Matthieu, selon sainct Marc, selon sainct Luc et selon sainct Jean. *Item*, le second liure de sainct Luc, autrement dit les Actes des Apostres. *Item,* les Épistres de sainct Paul, aux Romains vne, aux Corinthiens deux, aux Galates vne, aux Éphésiens vne, aux Philippiens vne, aux Colossiens vne, aux Tessaloniciens deux, a Timothée deux, à Tite vne, à Philémon vne. *Item,* l'Épistre aux Hébrieux, l'Épistre sainct Jacques, la 1 et 2 Épistre sainct Pierre, la 1, 2 et 3 Épistre sainct Jean, Épistre sainct Jude. *Item,* l'Apocalypse ou reuelation sainct Jean.

IV. Nous cognoissons ces liures estre canoniques, et reigle tres-certaine de nostre foy, non tant par le commun accord et consentement de l'Église, que par le tesmoignage et persuation intérieure du Sainct Esprit, qui les nous fait discerner d'auec les autres liures ecclesiastiques. Sur lesquels, encore qu'ils soyent vtiles, on ne peut fonder aucun article de foy.

V. Nous croyons que la Parolle qui est contenue en ces liures, est procedee de Dieu duquel seul elle prend son authorité, et non des hommes. Et d'autant qu'elle est reigle de toute vérité, contenant tout ce qui est necessaire pour le seruice de Dieu et de nostre salut, il n'est loisible aux hommes, ne mesmes aux anges d'y adiouster, diminuer ou changer. Dont s'ensuit il que ne l'antiquité, ne les coustumes, ne la multitude, ne la sagesse humaine, ne les iugements, ne les arrests, ne les edicts, ne les décrets, ne les Conciles, ne les visions, ne les miracles ne doiuent estre opposez à icelle Escriture saincte, ains au contraire toutes choses doiuent estre examinees, reiglees et reformees selon icelle. Et suiuant cela nous aduouons les trois Symboles, assauoir des Apostres, de Nice, et d'Athanase, pource qu'ils sont conformes à la Parolle de Dieu.

VI. Ceste Escriture saincte nous enseigne qu'en ceste seule et simple essence diuine que nous auons confessée, il y a trois personnes, le Père, le Fils et le Sainct Esprit. Le Pere première cause, principe et origine de toutes choses. Le Fils sa parole et sapience éternelle. Le Sainct Esprit sa vertu, puissance et efficace : le Fils éternellement engendré du Père : le Sainct Esprit procedant éternellement de tous deux : les trois personnes non confuses, mais distinctes, et toutefois non diuisees, mais d'vne mesme essence, éternité, puissance et équalité. Et en cela aduouons ce qui a esté déterminé par les Conciles anciens, et détestons toutes sectes et hérésies, qui ont esté reiettees par les saincts docteurs, comme sainct Hylaire, sainct Athanase, sainct Ambroise, sainct Cyrille.

VII. Nous croyons que Dieu en trois personnes cooperantes par sa vertu, sagesse et bonté incomprehensible, a creé toutes choses, non seulement le ciel, la terre et tout ce qui y est contenu; mais aussi les esprits inuisibles. Desquelles les vns sont decheus et tresbuchez en perdition, les autres ont persisté en obéissance. Que les premiers s'estans corrompus en malice, sont ennemis de tout bien, par conséquent de toute l'Église. Les seconds ayans esté preseruez par la grâce de Dieu, sont ministres pour glorifier le nom de Dieu, et seruir au salut de ses esleus.

VIII. Nous croyons que non seulement il a creé toutes choses, mais qu'il les gouverne et conduit, disposant et ordonnant selon sa volonté de tout ce qui aduient au monde : non pas qu'il soit auteur du mal, ou que la coulpe luy en puisse estre imputée, veu que sa volonté est la reigle souueraine et infaillible de toute droiture et éqnité ; mais il a des moyens admirables de se seruir tellement des diables et des meschans, qu'il fait conuertir en bien le mal qu'ils font, et duquel ils sont coulpables. Et ainsi, en confessant que rien ne se fait sans la Prouidence de Dieu, nous adorons en humilité les secrets qui nous sont cachez, sans nous enquerir par-dessus nostre mesure. Mais plustost appliquons à nostre vsage ce qui nous est monstré en l'Escriture saincte, pour estre en repos et seureté, d'autant que Dieu, qui a toutes choses suiettes à soy, veile sur nous d'vn soin paternel, tellement qu'il ne tombera point vn cheueu de nostre teste sans son vouloir. Et cependant tient les diables et tous nos ennemis bridez, en sorte qu'ils ne nous peuuent faire aucune nuisance sans son congé.

IX. Nous croyons que l'homme ayant esté creé pur et entier, et conforme à l'image de Dieu, est par sa propre faute decheu de la grâce qu'il auoit receuë. Et ainsi s'est aliené de Dieu, qui est la fontaine de iustice et de tous biens ; en sorte que sa nature est du tout corrompue. Et estant aueuglé en son esprit et dépraué en son cœur, a perdu toute intégrité sans en auoir rien de residu. Et combien qu'il y ait encores quelque discretion du bien et du mal, nonobstant nous disons que ce qu'il a de clairté se conuertit en tenebres, quand il est question de cercher Dieu, tellement qu'il n'en peut nullement approcher par son intelligence et raison. Et combien qu'il ait volonté par laquelle il est incité à faire ceci ou cela, toutesfois elle est du tout captive sous péché; en sorte qu'il n'a nulle liberté à bien que celle que Dieu luy donne.

X. Nous croyons que toute la lignée d'Adam est infectee de telle contagion, qui est le peché originel, et un vice hereditaire, et non pas seulement une imitation, comme les pelagiens ont voulu dire; lesquels nous detestons en leurs erreurs. Et n'estimons pas qu'il soit besoin de s'enquerir comme le péché vient d'vn homme à l'autre, veu que c'est bien assez, que ce que Dieu luy auoit donné n'estoit pas pour luy seul, mais pour toute sa lignée; et ainsi qu'en la personne d'iceluy nous auons esté desnuez de tous bien et sommes tresbuschez en toute poureté et malédiction.

XI. Nous croyons aussi que ce vice est vrayement peché, qui suffit à condamner tout le genre humain, iusqu'aux petits enfants, des le ventre de la mère, et que pour tel il est reputé deuant Dieu. Mesme qu'après le baptesme c'est tousiours péché, quant à la coulpe, combien que la condemnation en soit abolie ès enfans de Dieu, ne la leur imputant point par sa bonté gratuite. Outre cela que c'est une peruersité produisant touiours fruicts de malice et rebellion, tels que les plus sainets, encore, que ils y resistent, ne laissent point d'estre entachez d'infirmitez et de fautes, pendant qu'ils habitent en ce monde.

XII. Nous croyons que de ceste corruption et condemnation generale, en laquelle tous hommes sont plongez, Dieu retire ceux lesquels en son conseil éternel et immuable, il a esleus par sa seule bonté et miséricorde en nostre Seigneur Jesus Christ, sans consideration de leurs œuvres, laissant les autres en icelle mesme corruption et condemnation, pour demonstrer en eux la iustice, comme ès premiers il fait luire les richesses de sa miséricorde; car les uns ne sont pas meilleurs que les autres, iusqu'à ce que Dieu les discerne, selon son conseil immuable, qu'il a déterminé en Jesus Christ deuant la création du monde; et nul aussi ne se pourroit introduire à un tel bien de sa propre vertu, veu que de nature nous ne pouuons auoir un seul bon mouuement, ni affection, ne pensee, iusqu'à ce que Dieu nous ait prevenus et nous y ait disposez.

XIII. Nous croyons qu'en iceluy Jesus Christ, tout ce qui estoit requis à notre salut nous a esté offert et communiqué. Lequel nous estant donné à salut, nous a esté quant et quant fait sapience, iustice, sanctification et redemption, en sorte qu'en declinant de luy on renonce à la misericorde du Père, où il nous connient auoir nostre refuge vnique.

XIV. Nous croyons que Jesus Christ estant la sagesse de Dieu et son Fils éternel, a vestu nostre chair, afin d'estre Dieu et homme en vne personne : voire homme semblable à nous, passible en corps et en ame, sinon entant qu'il a esté pur de toute macule. Et quant à son humanité, qu'il a esté vraye semence d'Abraham et de Dauid : combien qu'il ait esté conceu par la vertu secrette du S. Esprit. En quoy nous detestons toutes les heresies qui ont anciennement troublé les Eglises : et notamment aussi les imaginations diaboliques de Seruet, lequel attribue au Seigneur Jesus vne diuinité fantastique, d'autant qu'il le dit estre idee et patron de toutes choses : et le nomme Fils personnel ou figuratif de Dieu, et finalement luy forge vn corps de trois elements increes, et par ainsi mesle et destruit toutes les deux natures.

XV. Nous croyons qu'en vne mesme personne assauoir Jesus Christ, les deux natures sont vrayment et inseparablement coniointes et vnies, demeurantes neantmoins chacune nature en sa distincte propriété, tellement que comme en ceste conionction, la nature diuine, retenant sa propriété, est demeurée incree, infinie, et remplissant toutes choses; aussi la nature humaine est demeurée finie, ayant sa forme, mesure et propriété : et mesme combien que Jesus Christ en ressuscitant ait donné immortalité à son corps, toutesfois il ne luy a osté la verité de sa nature. Et ainsi nous le considerons tellement en sa diuinité que nous ne le despouillons point de son humanité.

XVI. Nous croyons que Dieu enuoyant son Fils, a voulu monstrer son amour et bonté inestimable envers nous, en le liurant à la mort, et le ressuscitant pour accomplir toute iustice, et pour nous acquerir la vie celeste.

XVII. Nous croyons que par le sacrifice vnique que le Seigneur Jesus a offert en la croix, nous sommes reconciliez à Dieu, pour estre tenus iustes deuant luy: pour ce que nous ne luy pouuons estre agreables, ni estre participans de son adoption, sinon d'autant qu'il nous pardonne nos fautes, et les enseuelit. Ainsi nous protestons que Jesus Christ est nostre lauement entier et parfait; qu'en sa mort nous auons entière satisfaction pour nous acquitter de nos forfaits et iniquitez, dont nous sommes coulpables, et ne pouuons estre deliurez que par ce remede.

XVIII. Nous croyons que toute nostre iustice est fondee en la remission de nos pechez : comme aussi c'est nostre seule felicité comme dit Dauid. Par quoy nous reiettons tous autres moyens de nous pouuoir iustifier deuant Dieu ; et sans présumer de nulles vertus ne merites, nous nous tenons simplement à l'obeissance de Jesus Christ : laquelle nous est allouee : tant pour couurir toutes nos fautes, que pour nous faire trouuer faueur deuant Dieu. Et de faict, nous croyons qu'en déclinant de ce fondement tant peu que ce soit, nous ne pourrions trouuer ailleurs aucun repos; mais serions tousiours agitez d'inquiétude : d'autant que iamais nous ne sommes paisibles aveĉ Dieu, iusques à ce que nous soyons bien resolus d'estre aimez en Jesus Christ, veu que nous sommes dignes d'estre hais en nous mesmes.

XIX. Nous croyons que c'est par ce moyen que nous auons liberté et priuilege d'inuoquer Dieu avec pleine fiance qu'il se monstrera nostre Père. Car nous n'aurions pas aucun accez au Père, si nous n'estions adressez par ce Mediateur. Et pour estre exaucez en son nom, il conuient tenir nostre vie de luy, comme de nostre chef.

XX. Nous croyons que nous sommes faits participants de ceste iustice par la seule foy : comme il dit, qu'il a souffert pour nous acquerir salut, à celle fin que quiconque croira en luy ne perisse point. Et que cela se fait, d'autant que les promesses de vie, qui nous sont donnees en luy, sont appropriees à nostre vsage : et en sentons l'effect, quand nous les acceptons, ne doutans point qu'estans asseurez par la bouche de Dieu, nous ne serons point frustrez. Ainsi la iustice que nous obtenons par foy, dépend des promesses gratuites, par lesquelles Dieu nous déclare et testifie qu'il nous aime.

XXI. Nous croyons que nous sommes illuminez en la foy par la grace secrette du Sainct Esprit, tellement que c'est un don gratuit et particulier que Dieu despart à ceux que bon luy semble, en sorte que les fideles n'ont dequoy s'en glorifier, estans obligez au double de ce qu'ils ont été preferez aux autres. Mesmes que la foy n'est pas seulement baillée pour vn coup aux esleus, pour les introduire au bon chemin : ains, pour les y faire continuer aussi iusques au bout. Car comme c'est à Dieu de faire le commencement, aussi c'est à luy de parachever.

XXII. Nous croyons que par ceste foy nous sommes regenerez en nouueauté de vie, estans naturellement asseruis à péché. Or nous receuons par foy la grace de viure sainctement, et en la crainte de Dieu, en receuant la promesse qui nous est donnee par l'Éuangile assauoir que Dieu nous donnera son sainct Esprit. Ainsi la foy, non seulement, ne refroidit l'affection de bien et sainctement viure, mais l'engendre et excite en nous, produisant nécessairement les bonnes œuures. Au reste, combien que Dieu pour accomplir nostre salut, nous regenere, nous reformant à bien faire : toutes fois nous confessons que les bonnes œuvres que nous faisons par la conduite de son Esprit ne viennent point en conte pour nous iustifier, ou mériter que Dieu nous tienne pour ses enfants pour ce que serions tousiours flottans en doute et inquiétude, si nos consciences ne s'appuyoient sur la satisfaction par laquelle Jésus Christ nous a acquitez.

XXIII. Nous croyons que toutes les figures de la Loy ont prins fin à la venue de Jesus Christ ; mais combien que les ceremonies ne soyent plus en vsage, neantmoins la substance et verité nous en est demeuree en la personne de Celuy auquel gist tout accomplissement. Au surplus, il nous faut aider de la Loy et des prophètes tant pour regler nostre vie que pour estre confermez aux promesses de l'Euangile.

XXIV. Nous croyons, puis que Jésus Christ nous est donné pour seul advocat, et qu'il nous commande de nous retirer priuément en son nom vers son Père, et mesme qu'il ne nous est pas licite de prier sinon en suyuant la forme que Dieu nous a dictée par sa Parole que tout ce que les hommes ont imaginé de l'intercession des saincts trépassez, n'est qu'abus et fallace de Satan pour faire deuoyer les hommes de la forme de bien prier. Nous reiettons aussi tous autres moyens que les hommes presument avoir pour se racheter enuers Dieu, comme deroguans au sacrifice de la mort et passion de

Jesus Christ. Finalement nous tenons le purgatoire pour une illusion procedee de ceste mesme boutique, de laquelle font aussi procedez les vœux monastiques, pelerinages, defenses du mariage et de l'vsage des viandes, l'obseruation ceremonieuse des iours, la confession auriculaire, les indulgences, et toutes autres telles choses par lesquelles on pense mériter grace et salut. Lesquelles choses nous reiettons, non seulement pour la fausse opinion du merite, qui y est attaché : mais aussi parce que ce sont inuentions humaines, qui imposent ioug aux consciences.

XXV. Or pour ce que nous ne iouissons de Jesus Christ, que par l'Euangile : nous croyons que l'ordre de l'Eglise, qui a esté establi en son authorité, doit estre sacré et inuiolable et pourtant que l'Eglise ne peut consister, sinon qu'il y ait des pasteurs qui ayent la charge d'enseigner : lesquels on doit honorer et escouter en reuerence, quand ils sont deuëment appelez, et exercent fidelement leur office. Non pas que Dieu soit attaché à telles aides ou moyens inferieurs ; mais pour ce qu'il lui plaist nous entretenir sous telle bride. En quoy nous détestons tous fantastiques qui voudroyent bien en tant qu'en eux est, aneantir le ministère et prédication de la Parolle et des sacrements.

XXVI. Nous croyons doncques que nul ne se doit retirer à part, et se contenter de sa personne ; mais tous ensemble doiuent garder et entretenir l'vnité de l'Eglise, se soumettans à l'instruction commune et au ioug de Jesus Christ : et ce en quelque lieu où Dieu aura establi un vray ordre d'Eglise : encore que les magistrats et leurs edicts y soyent contraires, et que tous ceux qui ne s'y rengent ou s'en separent, contrarient à l'ordonnance de Dieu.

XXVII. Toutesfois nous croyons qu'il conuient discerner songneusement et avec prudence, quelle est la vraye Eglise : pour ce que par trop on abuse de ce titre. Nous disons donques, suiuant la Parolle de Dieu, que c'est la compagnie des fideles, qui s'accordent à suyure icelle Parolle, et la pure religion qui en dépend : et qui profitent en icelle tout le temps de leur vie : croissans et se confermans en la crainte de Dieu, selon qu'ils ont besoin de s'auancer et marcher tousiours plus outre. Mesme quoy qu'ils s'efforcent, qu'il leur conuient auoir incessamment recours à la remission de leurs pechez : néantmoins nous ne nions point que parmi les fideles il n'y ait des hypocrites et reprouvez, desquels la malice ne peut effacer le titre de l'Eglise.

XXVIII. Sous ceste creance nous protestons que là où la Parolle de Dieu n'est receuë, et qu'on ne fait nulle profession de s'assuiettir à icelle, et où il n'y a nul vsage des sacremens à parler proprement, on ne peut iuger qu'il y ait aucune Eglise. Pourtant nous condamnons les assemblees de la papauté, veu que la pure verité de Dieu en est bannie, esquelles les sacremens sont corrompus, abastardis, falsifiez, ou aneantis du tout, et esquelles toutes superstitions et idolatries ont la vogue. Nous tenons donc que tous ceux qui se meslent en tels actes, et y communiquent, se séparent et retranchent du corps de Jesus Christ. Toutesfois pour ce qu'il reste encore quelque petite trace de l'Eglise en la papauté, et mesme que la substance du baptesme y est demeure, ioint que l'efficace du baptesme ne depend de celuy qui l'administre : nous confessons ceux qui y sont baptisez, n'auoir besoin d'vn second baptesme. Cependant à cause des corruptions qui y sont, on ne peut présenter les enfants sans se polluer.

XXIX. Quand est de la vraye Eglise, nous croyons qu'elle doit estre gouuernée selon la police, que nostre Seigneur Jesus Christ a establie; c'est qu'il y ait des pasteurs, des surueillans et diacres, afin que la pure doctrine ait son cours, que les vices soyent corrigez et reprimez, et que les poures et tous autres affligez soyent secourus en leurs necessitez, et que les assemblees se facent au nom de Dieu, esquel les grans et petits soyent edifiez.

XXX. Nous croyons tous vrais pasteurs en quelque lieu qu'ils soyent auoir mesme authorité et égale puissance sous vn seul chef, seul souuerain et seul vniuersel euesque Jesus Christ : et pour ceste cause que nulle Eglise ne doit pretendre aucune domination ou seigneurie sur l'autre.

XXXI. Nous croyons que nul ne se doit ingerer de son authorité propre pour gouuerner l'Eglise ; mais que cela se doit faire par election, entant qu'il est possible, et que Dieu le permet. Laquelle exception nous y adioustons notamment, pour ce qu'il a fallu quelque fois, et mesme de nostre temps (auquel l'estat de l'Eglise estoit interrompu) que Dieu ait suscité gens d'vne façon extraordinaire, pour dresser l'Eglise de nouueau, qui estoit en ruine et désolation. Mais quoy qu'il en soit, nous croyons qu'il se faut tousiours conformer à ceste reigle. Que tous pasteurs, surveillans et diacres, ayent tesmoignages d'estre appelez à leur office.

XXXII. Nous croyons aussi qu'il est bon et utile, que ceux qui sont eleus pour estre superintendans, aduisent entre eux quel moyen il deuront tenir pour le regime de tout le corps, et toutesfois qu'ils ne déclinent nullement de ce qui nous en a esté ordonné par nostre Seigneur Jesus Christ. Ce qui n'empêche point qu'il n'y ait quelques ordonnances particulieres en chacun lieu, selon que la commodité le requerra.

XXXIII. Cependant nous excluons toutes inuentions humaines, et toutes loix qu'on voudroit introduire sous ombre du seruice de Dieu, par lesquelles on voudroit lier les consciences; mais seulement receuons ce qui fait, et est propre pour nourrir concorde et tenir chacun depuis le premier iusqu'au dernier en obeissance. En quoy nous auons à suiure ce que nostre Seigneur Jesus a declaré quant à l'excommunication : laquelle nous approuuons et confessons estre necessaire auec toutes ses appartenances.

XXXIV. Nous croyons que les sacremens sont adioustez à la Parolle pour plus ample confirmation : afin de nous estre gages et marreaux de la grace de Dieu, et par ce moyen aider et soulager nostre foy, à cause de l'infirmité et rudesse qui est en nous, et qu'ils sont tellement signes exterieurs, que Dieu besongne par iceux en la vertu de son Esprit, afin de ne nous y rien signifier en vain toutefois nous tenons que toute leur substance et verité est en Jesus Christ, et si on les en sépare, ce n'est plus rien qu'ombrage et fumee.

XXXV. Nous confessons seulement deux communs à toute l'Eglise : desquels le premier qui est le baptesme, nous est donné pour tesmoignage d'adoption : pour ce que là nous sommes entez au corps de Christ, afin d'estre lauez et nettoyez par son sang, et puis renouvellez en saincteté de vie par son S. Esprit. Nous tenons aussi combien que nous ne soyons baptisez qv'une fois, que le profit qui nous est là signifié, s'étend à la vie et à la mort : afin que nous ayons vne signature permanente, que Jesus Christ nous sera tousiours iustice et sanctification. Or combien que ce soit un sacrement de foy et de penitence, neantmoins pour ce que Dieu reçoit en son Eglise les petits enfans auec leurs peres, nous disons que par l'authorité de Jesus Christ, les petits enfans engendrez des fideles doyuent estre baptisez.

XXXVI. Nous confessons que la saincte Cène (qui est le second sacrement) nous est tesmoignage de l'vnité que nous auons auec Jesus Christ : d'autant qu'il n'est pas seulement vne fois mort et ressuscité pour nous, mais aussi nous repaist et nourrist vrayement de sa chair et de son sang, à ce que nous soyons vn auec luy, et que sa vie nous soit commune. Or combien qu'il soit au ciel iusques à ce qu'il vienne pour iuger tout le monde, toutefois nous croyons que par la vertu secrette et incomprehensible de son Esprit il nous nourrit et viuifie de la substance de son corps et de son sang. Nous tenons bien que cela se fait spirituellement, non pas pour mettre au lieu de l'effect et de la verite, imagination ne pensee : mais d'autant que ce mystere surmonte en sa hautesse la mesure de nostre sens, et tout ordre de nature. Bref, pour ce qu'il est celeste, ne peut estre apprehendé que par foy.

XXXVII. Nous croyons (ainsi qu'il a esté dit) que tant en la Cène qu'au baptesme, Dieu nous donne reellement et par effect ce qu'il y figure. Et pourtant nous conioignons avec les signes, la vraye possession et iouissance de ce qui nous est là présenté. Et par ainsi tous ceux qui apportent à la table sacree de Christ vne pure foy, comme vn vaisseau, reçoiuent vrayement ce que les signes y testifient : c'est que le corps et le sang de Jesus Christ ne seruent pas moins de manger et boire à l'ame, que le pain et le vin font au corps.

XXXVIII. Ainsi nous tenons que l'eau estant vn element caduque, ne laisse pas de nous testifier en verité le lauement interieur de nostre ame au sang de Jésus Christ, par l'efficace de son esprit, et que le pain et le vin, nous estans donnez en la Cène, nous seruent vrayement de nourriture spirituelle : d'autant qu'ils nous monstrent comme à l'œil la chair de Jesus Christ nous estre nostre viande, et son sang nostre breuuage. Et reiettons les fantastiques et sacrementaires, qui ne veulent receuoir tels signes et marques : veu que nostre Seigneur Jesus Christ prononce : Cecy est mon corps, et ce calice est mon sang.

XXXIX. Nous croyons que Dieu veut que le monde soit gouverné par loix et polices, afin qu'il y ait quelques brides pour reprimer les appetis desordonnez du monde. Et ainsi qu'il a establi les royaumes, republiques, et toutes autres sortes de principautez, soyent hereditaires ou autrement, et tout ce qui appartient a l'estat de iustice, et en veut estre recogneu autheur : à ceste cause a mis le glaiue en la main des magistrats pour reprimer les pechez commis, non seulement contre la seconde table des commandements de Dieu, mais aussi contre la première. Il faut donques à cause de luy que non seulement on endure que les superieurs dominent, mais aussi qu'on les honnore et prise en toute reuerence, les tenant pour ses lieutenans et officiers, lesquels il a commis pour exercer vne charge legitime et saincte.

XL. Nous tenons donques qu'il faut obeir à leurs loix et statuts, payer tributs, impots, et autres deuoirs, et porter le ioug de subiection d'vne bonne et franche volonté, encore qu'ils fussent infideles, moyennant que l'empire souuerain de Dieu demeure en son entier. Par ainsi nous détestons ceux qui voudroyent reietter les superioritez, mettre communauté et confusion de biens, et renverser l'ordre de iustice.

Là furent aussi arresteez XLII articles concernans la discipline ecclésiastique : desquels (pour en informer les autres Eglises) il est expédient d'en faire icy un sommaire récit : Qu'en premier lieu nulle Eglise ne pourra pretendre principauté ou domination sur l'autre. Qu'vn président en chacun Synode sera esleu d'vn commun accord pour presider au Colloque, et faire ce qui y appartient : et finira la dite charge auec chacun Synode et Concile. Que les ministres ameneront auec eux au Synode chacun vn ancien ou diacre de leur Église, ou plusieurs, lesquels auront voix. Qu'és Conciles generaux assemblez selon la necessité des Églises, y aura une censure de tous ceux qui y assisteront, amiable et fraternelle : apres laquelle sera celebree le Cene de nostre Seigneur Jesus Christ. Que les ministres, et vn ancien ou diacre pour le moins de chacune Église ou province s'assembleront deux fois l'année. Que les ministres seront esleus au Consistoire par les anciens et diacres : et seront presentez au peuple, par lequel seront ordonnez : et s'il y a opposition, ce sera au Consistoire de la iuger et au cas qu'il y eust mécontentement d'une part et d'autre, que le tout sera rapporté au Concile prouincial : non pour contraindre le peuple à receuoir le ministre esleu, mais pour la iustification. Que les ministres ne seront enuoyez des autres Eglises sans lettres authentiques, et sans icelles ou deue inquisition ne seront receus. Que ceux qui seront eslus, signeront la Confession de foi arrestée tant aux Eglises, ausquelles ils auront été esleus, que autres ausquelles ils seront enuoyez. Et sera l'election confirmee par prieres et par imposition des mains des ministres, sans toutefois aucune superstition. Que les ministres d'vne Eglise ne pourront prescher en vne autre, sans le consentement du ministre d'icelle, ou du Consistoire en son absence. Celuy qui aura été eslu à quelque ministère, sera sollicité et exhorté de le prendre, et non toutefois contraint. Les ministres qui ne pourront exercer leur charge aux lieux ausquels ils auront esté ordonnez, s'ils sont enuoyez ailleurs par l'aduis de l'Eglise, et n'y veulent aller, diront leurs causes de refus au Consistoire : et là il sera iugé si elles seront receuables et si elles ne le sont, et qu'ils persistent à ne vouloir accepter la dite charge, en ce cas le Concile prouincial en ordonnera. Celuy qui se seroit ingeré, encores qu'il fust approuvé de son peuple, ne pourra estre approuué des ministres prochains, ou autres, s'il y a quelque different sur son approbation par quelque autre Église : mais deuant que passer outre le plustost que faire se pourra, sera assemblé le Concile prouincial pour en decider. Ceux qui sont eslus vne fois au ministère de la Parolle, doivent entendre qu'ils sont esleus pour estre ministre toute leur vie. Et quant à ceux qui sont enuoyez pour quelque temps, s'il aduient que les Eglises ne peussent autrement pouruoir au troupeau, ne leur sera permis d'abandonner l'Eglise pour laquelle Jesus Christ est mort. Pour cause de trop grande persécution, l'on pourra faire changement d'vne Eglise à autre pour vn temps, du consentement et aduis des deux Eglises. Se pourra faire le semblable pour autres causes iustes rapportées et iugées au Synode provincial. Ceux qui enseigneront mauuaise doctrine, et après en auoir esté admonnestez ne s'en désisteront ; ceux aussi qui seront de vie scandaleuse, méritant punition du magistrat, ou excommunication, ou seront desobeissans au Consistoire, ou bien autrement insuffisans, seront deposez : exceptez ceux qui par vieillesse, maladie, ou autre tel inconnenient seroyent rendus incapables d'administrer leur charge : ausquels l'honneur demeurera, et seront recommandez à leurs Eglises pour les entretenir, et fera un autre leur charge. Les vices scandaleux et punissables par le magistrat, reuenans au grand scandale de l'Eglise, commis en quelque temps que ce soit, lorsqu'on estoit en ignorance ou apres, feront déposer le ministre. Quant aux autres vices moins scandaleux; ils seront remis à la prudence et jugement du Concile provincial. La déposition se fera promptement par le Consistoire, au cas de vices enormes, appelez deux ou trois pasteurs ; et en cas de plainte du tesmoignage et calomnie, le faict sera remis au Concile provincial. Ne seront les causes de la deposition declarees au peuple, si la nécessité ne le requiert, de laquelle le Consistoire iugera. Les anciens et diacres sont le Sénat de l'Eglise, auquel se doivent présenter les ministres de la Parolle. L'office des anciens sera de faire assembler le peuple, rapporter les scandales au Consistoire et autres choses semblables, selon qu'en chacune Eglise il y aura une forme couchee par escrit, selon la circonstance des lieux et des temps. Et n'est l'office des anciens, comme nous en vsons à présent, perpétuel. Quant aux diacres, leur charge sera de visiter les poures, les prisonniers et les malades, et d'aller dans les maisons pour catéchiser. L'office des diacres n'est pas de prescher la Parolle, ny d'administrer les sacrements, combien qu'ils y puissent aider ; et leur charge n'est perpétuelle, de laquelle toutefois eux ne les anciens ne se pourront departir sans le congé des Eglises. En l'absence du ministre, ou lorsqu'il sera malade, ou aura quelque autre necessité, le diacre pourra faire les prieres et lire quelque passage de l'Escriture, sans forme de prédication. Les diacres et anciens seront deposez pour les mesmes causes que les ministres de la Parolle en leur qualité, et ayans esté condamnez par le Consistoire, s'ils en appellent, seront suspendus iusques à ce qu'il en soit ordonné par le Concile prouincial. Les ministres ny autres de l'Eglise ne pourront faire imprimer liures composez par eux ou par autres touchant la religion, ny autrement publier, sans les communiquer à deux ou trois ministres de la Parolle non suspects. Les heretiques, les contempteurs de Dieu, les rebelles contre le Consistoire, les traistres contre l'Eglise, ceux qui sont attains et conuaincus de crimes dignes de punition corporelle, et ceux qui apporteront vn grand scandale à toute l'Eglise, seront du tout excommuniez et retrenchez, non seulement des sacremens, mais aussi de toute l'assemblee. Et quant aux autres vices, ce sera à la prouidence de l'Eglise de cognoistre ceux qui deuront estre admis à la Parolle, après avoir esté privez des sacrements. Ceux qui auront esté excommuniez pour heresie, contemnement de Dieu, schisme, trahison contre l'Eglise, rebellion à icelle, et autres vices grandement scandaleux à toute l'Eglise, seront déclarez pour excommuniez au peuple, avec les causes de leur excommunication. Quant à ceux qui auroyent esté excommuniez pour plus legeres causes, ce sera en la prudence de l'Eglise d'adviser si elle les deura manifester au peuple ou non, iusques à ce qu'autrement en soit défini par le Concile général ensuiuant. Ceux qui auront esté excommuniez viendront au Consistoire demander d'estre reconciliez à l'Eglise, laquelle les iugera de leur repentance. S'ils ont esté publiquement excommuniez, ils feront aussi penitence publique. S'ils n'ont point esté publiquement excommuniez, ils la feront seulement deuant le Consistoire. Ceux qui auront fait abnégation en persécution ne seront point admis en l'Eglise, sinon en faisant penitence publique deuant le peuple. En temps d'aspre persecution, ou de guerre, ou de peste, ou famine, ou autre grande affliction : item, quand on viendra eslire les ministres de la Parolle, et quand il sera question d'entrer au synode, l'on pourra denoncer prières publiques et extraordinaires, avec ieusnes, sans toutesfois scrupule ny superstition. Les mariages seront proposez au Consistoire, où sera apporté le contract du mariage passé par notaire public, et seront proclamez deux fois pour le moins en quinze iours : apres lequel temps se pourront faire les espousailles en l'assemblée. Et cest ordre ne sera rompu, sinon pour grandes causes, desquelles le Consistoires cognoistra. Tant les mariages que les baptesmes seront enregistrez et gardez soigneusement en l'Eglise, avec les noms des peres et meres et parrains des enfans baptisez. Touchant les consanguinitez et affinitez, les fidèles ne pourront contracter mariage auec personne, dont grand scandale pourrait aduenir, duquel l'Eglise cognoistra. Les fideles qui auroyent leurs parties convaincues de paillardise seront admonnestez de se reunir avec elles. S'ils ne le veulent faire, on leur declarera leur liberté qu'ils ont par la Parolle de Dieu. Mais les Eglises ne dissoudrons point les mariages, afin de n'entreprendre sur l'authorité du magistrat. Les ieunes gens qui sont en bas aage ne pourront contracter mariage sans le consentement de leurs peres et meres : toutesfois, quand ils auroyent peres et meres tant desraisonnables, qu'ils ne se voudroyent accorder à une chose saincte et profitable, ce sera au Consistoire d'en aduiser. Les promesses de mariage legitimement faites ne pourront estre dissoultes, non pas mesmes du consentement mutuel de ceux qui les auroyent faites; desquelles promesses, si elles sont legitimement faites, sera au Consistoire d'en cognoistre. Nulle Eglise ne pourra rien faire de grande consequence, où pourroit estre compris l'interest et dommage des autres Eglises, sans l'aduis du Concile prouincial, s'il est possible de l'assembler; et si l'affaire le pressoit, elle communiquera et aura l'aduis et consentement des autres Eglises de la province, par lettres pour le moins. Ces articles qui sont icy contenus, touchant la discipline, ne sont tellement arrestez entre nous, que si l'vtilité de l'Eglise le requiert, ils ne puissent estre changez; mais ce ne sera en la puissance d'vn particulier de ce faire sans l'aduis et consentement du Concile general.   Ainsi signé en l'original, François de Morel, esleu pour presider au Synode au nom de tous. Fait à Paris le xxviii de may M.D.LIX, du regne du roy Henry l'an XIII.

XXIII

ANNE DU BOURG.

J'ai atteint la fin de ma tâche, et jetant un regard sur tant de documents précieux à peine indiqués, sur tant de noms illustres laissés de côté, je suis tenté de m'affliger des bornes étroites de mon travail. Comment, par exemple, ne point regretter de n'avoir pu retracer l'admirable caractère d'Anne Du Bourg, ce modèle du magistrat consciencieux, en même temps que du chrétien fidèle, parce que le grand témoignage qu'il rendit à la vérité, sa protestation, sa confession, son supplice, sont postérieurs de quelques jours et de quelques mois à la réunion du Synode?

Qu'au moins ses dernières paroles viennent clore mon récit, et donnent à mes lecteurs le désir de lire des histoires plus étendues et plus complètes ; c'est à MM. Haag que j'emprunte les belles lignes qui suivent. Les membres du Parlement venaient de condamner leur collègue à être pendu et brûlé, et lecture de son arrêt lui avait été faite.

« Cependant lorsqu'ils entendirent Du
« Bourg prier Dieu de pardonner à ses juges
« égarés, en se réjouissant « *d'une si heureuse*
« *journée par lui tant désirée ;* » lorsqu'ils
« l'entendirent d'une voix vibrante leur reprocher
« le sang innocent qu'ils répandaient,
« les exhorter à songer au jugement de Dieu,
« ou, s'ils avaient « *esgard aux hommes plus*
« *qu'à Dieu,* » à l'opinion des princes et des
« peuples étrangers ; protester qu'il mourait
« pour la doctrine de l'Évangile ; les supplier
« de cesser « *leurs bruslemens et de retourner*
« *au Seigneur en amendement de vie,* » quelques-uns
« se sentirent émus et tous courbèrent
« la tête sous ce foudroyant adieu :

« *Vivez donc et méditez ceci, ô sénateurs ; et*
« *moi je m'en vais à la mort.* (1) »

(1) *France protestante*, article Du Bourg.

Nous arrêterons cette histoire sur ces nobles paroles, qui ne furent point écoutées; toute espèce de réflexion ne ferait qu'affaiblir l'impression qu'elles doivent laisser.

XXIV

CONCLUSION.

LA MÉDAILLE DU JUBILÉ. — LES HISTORIENS PROTESTANTS.

Deux choses seulement me restent à dire avant de prendre congé de mes lecteurs.

Je désire d'abord faire connaître la médaille du Jubilé.

Je veux ensuite donner quelques détails sur les sources principales où j'ai puisé parmi les anciens historiens, et payer une dette de reconnaissance envers les écrivains modernes que j'ai consultés ou cités.

La Commission du Jubilé, nommée dans la réunion des pasteurs en 1858, se composait de MM. les pasteurs A. Coquerel fils, Grand-Pierre, Rognon, Vaurigaud et Louis Vernes ; et de deux membres laïques : MM. Ch. Read, président de la Société de l'Histoire du Protestantisme français, et H. de Triqueti, membre du Conseil presbytéral et du Diaconat de l'Église de Paris.

M. E. Haag, l'un des savants auteurs de *la France protestante,* a bien voulu en outre apporter à la Commission le secours de ses lumières, toutes les fois qu'elle en a senti le besoin.

Cette Commission voulant consacrer, par un monument durable, la mémoire du premier Synode national et la célébration du Jubilé, a pensé que le moyen le plus assuré de conserver ces précieux souvenirs était certainement de faire frapper une médaille qui en fût digne. Elle y a apporté tous ses soins. Elle peut, avec un légitime orgueil, en présenter le résultat.

Elle a été doublement heureuse dans cette circonstance, car cette médaille sera mise à coup sûr au premier rang parmi les œuvres de la numismatique moderne, et c'est l'ouvrage d'un artiste protestant. Tout se réunit donc pour lui donner le plus grand intérêt ; et la Commission a pensé que cet intérêt deviendrait plus grand encore pour l'avenir, si chaque famille qui voudra la posséder fait, comme il est bien facile, graver son nom sur la tranche. C'est une manière impérissable de conserver nos traditions, de lier le passé au présent dans l'intérêt de nos enfants, et cette idée de montrer que nous nous glorifions d'être les serviteurs de l'Évangile du Christ sera sans doute accueillie avec joie par nos frères.

La médaille, représente aussi fidèlement que possible, d'après les meilleurs renseignements historiques, le moment où le président, François de Morel, prononce la prière à la fin du Synode.

La Commission a cru que cette prière adressée au Seigneur qui avait permis que ce lien fût serré entre les Églises, et les avait préservées des périls qui les entouraient, était l'instant le plus caractéristique et le plus touchant à représenter. L'exergue indique les dates de ce premier Synode.

Le revers montre ce livre qui contient la Parole de Dieu : toute lumière en émane; il est ouvert à ce passage qui justifie la confiance de ceux qui se sont attachés au pur Évangile, source de leur courage dans l'affliction, de leur reconnaissance et de leur joie dans le succès.

« *Les cieux et la terre passeront : mes paroles ne passeront point.* » (Matt., XXIV, 35.)

La Commission n'a pu trouver rien de plus beau que ces mots sortis de la bouche du divin Maître.

Le zèle qu'a déployé M. Bovy, graveur de cette médaille, n'a pas été moins grand que son talent ; il a eu si peu de temps pour l'exécuter, qu'il a dû y travailler jour et nuit pour achever cette difficile tâche à l'époque indiquée. Et certes la beauté du travail ne laisserait point soupçonner cette précipitation forcée. Nous sommes heureux de constater ce fait comme une preuve que le dévouement de l'artiste est égal à son habileté, et comme un titre de plus à la reconnaissance de tous ses coreligionnaires.

Disons maintenant quelques mots sur les anciens ouvrages protestants. Beaucoup de familles possèdent encore des trésors en ce genre ; elles en ignorent l'importance et la valeur ; puissent-elles les conserver avec respect et les faire connaître au besoin à ceux qui consacrent leur vie à de pieuses recherches, qu'ils trouvent si difficilement les moyens de compléter.

Je commencerai par le célèbre ouvrage de Crespin sur les martyrs de l'Église protestante, gros volume in-f°, véritable trésor pour les documents qu'il renferme, la peinture des mœurs, l'énergie des récits, la naïveté du style et l'exactitude des détails. Sa véracité est constatée malgré les attaques des adversaires, et chaque jour de nouvelles preuves authentiques viennent confirmer ses titres à notre confiance. Ce précieux livre a été souvent réimprimé; cependant, en raison même de son mérite, on l'a détruit avec tant de soin qu'il est aujourd'hui très difficile à rencontrer. Grâces à l'obligeance de mes amis, j'ai pu en collationner plusieurs exemplaires dans le but, comme je l'ai déjà dit de vérifier si la Confession y était toujours fidèlement reproduite. La première édition que j'aie vue, celle de 1564, sort des presses de Crespin lui-même, et c'est un chef-d'œuvre typographique. Elle ne contient point encore la Confession, qui a été insérée seulement dans les éditions suivantes. Celles de 1582, de 1609 et de 1619 ont passé sous nos yeux ; cette dernière est la plus riche et la plus complète, grâces aux augmentations dues à son continuateur, Simon Goulard ; mais dans chacune les parties anciennes sont conservées avec une scrupuleuse fidélité.

Après Crespin vient l'important ouvrage de Théodore de Bèze.

Grâces également à la bienveillance d'un membre de la Commission, j'ai pu prendre à l'édition originale de ce livre précieux et introuvable, des renseignements, des dates et des citations que je n'aurais point osé emprunter à la réimpression récente si altérée, si fautive, si déplorable d'un ouvrage dont chaque mot devrait être respecté jusque dans son orthographe. Combien il est à regretter que cette publication vienne empêcher peut-être pour bien longtemps la réimpression fidèle d'un livre qu'on ne peut plus se procurer et qui mérite d'être considéré comme le dépôt de toutes les archives de la Réformation.

L'ouvrage d'Antoine de Chandieu, intitulé : *Histoire des Martyrs de l'Église de Paris*, est peut-être plus difficile encore à trouver, mais comme Crespin et Théodore de Bèze ont fait passer son contenu dans leurs histoires, cette rareté n'est regrettable qu'au point de vue bibliographique.

Ce que j'ai extrait des écrits de Bernard Palissy pourra donner à quelques lecteurs le désir de connaître tous les ouvrages sortis de la plume de ce grand artiste. Nul de ceux qui seront assez heureux pour se les procurer ne regrettera le temps donné à cette attachante lecture.

Ces ouvrages, dont les premières impressions ne se voient que dans les grandes bibliothèques ont été réunis en un gros volume in-4° par les soins de M. Faujas de Saint-Fond, en 1777. Mais cette édition, devenue assez rare, a été avantageusement suppléée par une réimpression plus complète donnée en 1844 par M. Cap. Les œuvres de Palissy et sa vie ont été récemment le sujet de nombreuses notices, d'articles de revues, d'essais plus ou moins bien faits; mais aucun d'entre eux ne peut remplacer la lecture des écrits du grand génie qui restera l'une des gloires de la France et du protestantisme.

Le *Recueil des Synodes,* d'Aymon, est un livre utile pour l'importance des pièces qu'il renferme. Par malheur, on reconnaît bien vite avec quelle inexactitude il a été compilé. Le seul chapitre qui pût intéresser notre travail, celui qui concerne le premier Synode, est tellement incomplet qu'il a négligé de donner la pièce importante qui semble devoir commencer son recueil : la Confession. Il ne rapporte que la discipline. En outre, il n'indique point les sources où il puise, et nous ignorons où il a pris cette date du 25 mai que nous n'avons trouvée nulle part ailleurs, qu'il cite deux fois, et que, comme nous l'avons déjà dit, Théodore de Bèze contredit formellement.

Parmi les ouvrages modernes auxquels nous devons de précieux renseignements, se place en première ligne, en raison de son mérite universellement reconnu, et de son importance, la grande *Histoire du Protestantisme* de M. Merle-d'Aubigné. Ce livre, accueilli avec joie et reconnaissance par tous les hommes dévoués à l'Évangile, n'est point encore achevé; sa continuation est attendue avec une vive impatience. Puisse son savant et éloquent auteur arriver bientôt au terme de son utile entreprise.

Dans des proportions plus modestes, les deux excellents résumés de MM. de Félice et Crottet sont des livres que l'on ne saurait trop recommander. L'*Histoire des Protestants de France* du premier, la *Petite Chronique protestante* du second, contiennent chacun, dans un seul volume, une étude approfondie, nourrie de faits, attachante, que M. Crottet conduit jusqu'à l'Édit de Nantes, M. de Félice jusqu'à nos jours. Ces livres méritent d'être sur les tables de toutes les familles ; ils réchauffent le cœur, et, dans nos temps de tiédeur, réveillent l'affection que nous devons à notre Église par la beauté des exemples qu'ils nous présentent. Ces ouvrages très exacts, très curieux, ne sont pas les seuls qui méritent d'être cités ; notre littérature s'est, depuis quelques années, enrichie de beaucoup d'utiles travaux historiques. J'ai seulement voulu faire connaître ceux auxquels j'ai fait d'intéressants emprunts. Ainsi je me garderai d'omettre le charmant livre de M. Sayous, intitulé : *Études littéraires sur les*

Ecrivains français de la Réformation, bien que cet ouvrage ne s'adresse point, comme les deux précédents, à toutes les classes de lecteurs.

Ne voulant point pousser plus loin ces notes et n'ayant pas l'intention de faire une nomenclature des historiens protestants, je passe de suite à l'ouvrage publié par M. Haag, la biographie de tous les réformés célèbres (1). Cet immense travail, fruit de tant d'années de recherches, de fatigues, de soins, est un répertoire où tous les faits se trouvent, où tous les actes, tous les ouvrages sont relatés, où toutes les dates sont vérifiées avec la plus saine critique, avec la persévérance la plus admirable. Ce grand monument historique sera bientôt complet; le dernier volume rédigé n'attend plus que l'impression. Si nous étions plus soucieux de nos gloires, et plus désireux d'encourager les hommes qui se dévouent à la cause de notre Église, cet ouvrage serait dans toutes les bibliothèques protestantes, et chaque famille qui a le bonheur de compter parmi ses ancêtres des défenseurs ou

---

(1) *La France Protestante.*

des martyrs de cette sainte cause, se ferait un devoir de le posséder. Le peu d'appui qu'un pareil travail rencontre parmi nous est un acte d'ingratitude envers nos ancêtres, autant qu'envers ses savants auteurs.

Je terminerai par le recueil périodique publié par la Société de l'Histoire du protestantisme (1). C'est encore une de ces mines fécondes où se trouvent réunis les documents les plus neufs, les plus intéressants et les plus étranges. Il serait bien à désirer que la connaissance en fût plus répandue, ne fût-ce que pour engager à recueillir de toutes parts les débris de nos souvenirs, les traces prêtes à disparaître de notre passé. Ce recueil réunit et conserve ces matériaux; d'autres, plus tard, les mettront en œuvre; et l'édifice de notre histoire s'édifiera ainsi par le concours de tous.

———

Ma tâche est terminée; à dessein, elle a été circonscrite en d'étroites limites : elle devait rester modeste et bornée pour désar-

---

(1) *Bulletin de la Société de l'Histoire du protestantisme français.*

mer d'avance la critique. Chargé de faire un appel à l'union, désirant n'offenser personne, j'ai cherché à me placer sur un terrain où tous les cœurs pussent se rencontrer, toutes les mains se serrer. Si, dans mon inexpérience, il m'était échappé une phrase ou un mot capable de blesser ou même d'inquiéter la conscience de quelqu'un, je le prie de s'en prendre à mon ignorance et non à mon intention, désavouant dans cet écrit tout ce qui, contre ma volonté, ne paraîtrait point entièrement conforme à l'amour du Christ et à l'affection qu'il me commande pour mes frères, et n'ayant plus qu'une pensée à exprimer avec le psalmiste :

« *O! que c'est une chose bonne, et que c'est une chose agréable que les frères demeurent unis ensemble!* » (Ps. CXXXIII, 1.)

FIN.

TABLE DES CHAPITRES

	Pag.
INTRODUCTION.	1
I. Qu'est-ce que le premier Synode ?	3
II. Quand l'esprit de Réforme naquit en France.	14
III. Les Vaudois.	19
IV. La Parole de Dieu répandue par l'imprimerie.	30
V. Lefèvre d'Etaples et Guillaume Farel.	40
VI. Jacques Pavannes et l'Ermite de Livry.	58
VII. Louis de Berquin.	65
VIII. Lambert.	79
IX. La persécution dans les provinces.	103
X. Marguerite de Valois et Lefèvre d'Etaples.	93
XI. Olivétan, les Vaudois et la Bible française.	103
XII. Jean Calvin.	111
XIII. Esprit politique de la Réforme.	146
XIV. Premier établissement des Eglises.	152
XV. Règne de Henri II.	169
XVI. La liste des premières Eglises.	184

TABLE DES CHAPITRES.

XVII. De quelques confesseurs.	194
XVIII. L'Eglise de Paris.	219
XIX. L'Assemblée surprise. — Effet des bûchers sur l'opinion publique.	225
XX. Le chant des Psaumes au Pré-aux-Clercs	241
XXI. Le Synode de 1559.	250
XXII. La Confession et la discipline.	261
XXIII. Anne Dubourg..	265
XXIV. Conclusion. — La médaille. — Les historiens protestants..	288

FIN DE LA TABLE DES CHAPITRES.

●

Paris. — Typ. de Mme Smith, r. Fontaine-au-Roi,

Imprimerie D. Bardin, rue Fontaine-au-Roi, 18.

www.ingramcontent.com/pod-product-compliance
Lightning Source LLC
Chambersburg PA
CBHW071522160426
43196CB00010B/1613